Im Herzen von Köln

Kölner Philharmonie und

Museum Ludwig unter einem Dach

Peter Busmann Godfrid Haberer

Im Herzen von Köln

Kölner Philharmonie und Museum Ludwig unter einem Dach

Mit Vorworten von Louwrens Langevoort und Kasper König
und 30 Zeichnungen von Peter Busmann

GREVEN VERLAG KÖLN

Unserem 2010 verstorbenen Freund Erich Schallus gewidmet,
der uns angeregt hat, dieses Buch zu schreiben.

Lektorat: Manuel Hessling, Essen
Gestaltung: Elmar Lixenfeld, Frankfurt am Main
Gesetzt aus Barudio und Protocol
Druck und Bindung: fgb. freiburger graphische betriebe

ISBN 978-3-7743-0486-4

Detaillierte Informationen über all unsere Bücher
finden Sie unter:
www.Greven-Verlag.de

Wir danken der
Johannes Klais Orgelbau GmbH & Co. KG Bonn
für die finanzielle Unterstützung
bei der Entstehung dieses Buches.

Vorwort

Anlässlich der Eröffnung dieses Kulturgebäudes, das sowohl der bildenden Kunst als auch der Musik gewidmet ist, wurde ich im Rahmen einer Fernsehberichterstattung nach meinem Eindruck zu diesem Museum befragt. Damals stand ich mit dem Kamerateam auf dem Balkon vor dem großen Oberlichtsaal, und ich erinnere mich an meine Bemerkung, dass das Ganze auf mich wie eine große bequeme Jacke wirke, die viele Taschen hat und bei der man bereits beim Anprobieren das Gefühl hat, als wäre sie schon lange im Gebrauch. Zudem passten die Proportionen, gab es viel Oberlicht; eben ein Museum das zu benutzen war. Ende 2000, als ich nach dem Auszug des Mutterhauses – des Wallraf-Richartz-Museums – von der damaligen Kulturdezernentin Marie Hüllenkremer nach Köln geholt wurde, bewährte sich dieser anfängliche Eindruck des Museums auch im täglichen Arbeitszusammenhang.

Nach wie vor bin ich außerdem begeistert vom Standort des Hauses zwischen Dom, Hauptbahnhof und Rhein. Das Museum positioniert sich durch diese Bezüge sowohl in Europa, als auch konkret lokal. Die Architekten schufen durch die enge Folge von Treppen, Terrassen und Plätzen eine Öffnung der Stadt zum Rhein. Angesichts der komplexen Bauaufgabe ist es nach wie vor plausibel, dass die Architekten Busmann + Haberer 1975 den Ideenwettbewerb gewannen – gelang es ihnen doch in einzigartiger Weise, den städtebaulichen Bezug zwischen Dom und Rhein herzustellen und eine kulturpolitische Setzung in Köln zu verankern.

Als eine der ersten Amtshandlungen nach dem Auszug des Wallraf-Richartz-Museums ließ ich die Verschachtelungen und Einbauten entfernen, um damit das Gebäude in seiner Komplexität aufscheinen zu lassen. Eine wichtige Weichenstellung war in dieser Zeit auch die Entscheidung, die Räume im ersten Obergeschoss, die ursprünglich für die Kölner Malerschule konzipiert waren und direkte Blickachsen zum Dom aufweisen, der Sammlung Haubrich zuzuschlagen. Den Rundgang durch das Museum und damit die Möglichkeit, das Haus als Ganzes zu begreifen, ermöglichten wir durch den Einbau zweier zusätzlicher Treppen. Diese Umbauten wurden ebenso vom Architekturbüro Busmann + Haberer geplant, wie auch die Neugestaltung der Eingangshalle. Heute dient sie den Besuchern des Museums als Passage und Informationsraum zum Haus und seinen Ausstellungen.

Intime Kabinette wechseln sich mit großen offenen Räumen, Emporen und Galerien ab, die sich wiederum miteinander verknüpfen. Die Vielfalt dieser Museumsräume ermöglicht uns, den sehr unterschiedlichen Kunstwerken ausstellerisch gerecht zu werden. Immer noch erstaunlich ist es für mich, dass extrem publikumswirksame Ausstellungen – wie beispielsweise Edward Hopper 2004/05 mit 370.000 Besuchern – spielend von der Logistik des Hauses bewältigt werden, ohne dass es zu langen Wartzeiten für die Besucher käme.

Somit ist die von uns ausgerufene Parole »das Museum soll nicht nur besucht, sondern auch benutzt werden« als kulturpolitische Idee in diesem Kulturgebäude angelegt und wird für alle, die es benutzen, lesbar.

Professor Kasper König

Museum Ludwig

Direktor

Vorwort

Die Entscheidung, in Köln eine Philharmonie zu bauen, war aus heutiger Sicht weitaus bedeutender als es manchmal scheint. Oft wird geradezu floskelhaft das Bild ausgebreitet, „Köln habe einen Konzertsaal einfach gebraucht“. Doch was heute nicht mehr so einfach ist, nämlich in einer Stadt den Neubau eines Konzertsaals oder Museums zu realisieren, das galt auch schon damals. Es bedurfte schon immer einer visionären Vorstellungskraft, großer Beharrlichkeit und starken Durchsetzungsvermögens, um solch ein kulturelles Zentrum zu realisieren.

In einer fast logischen Schlussfolgerung wurde auch die Wahl der Architekten, die dieser einzigartigen Aufgabe Gestalt geben sollten, genauso zukunftsträchtig getroffen. So wandten sich die Entscheidungsträger dem Entwurf zweier Architekten zu, die sich in all ihren Überlegungen von Mode-Erscheinungen genauso wenig (ver)leiten ließen, wie sie sich von vermeintlich Erprobtem haben einengen lassen. Peter Busmann und Godfrid Haberer haben mit der Kölner Philharmonie ein Kunstwerk lebendig werden lassen.

Dieses Kunstwerk ist aber ebenso sehr der Praktikabilität verpflichtet. Man darf behaupten, dass neben all den architektonischen Raffinessen vor allem zwei wesentliche Aspekte diesen Konzertsaal zu einem Phänomen werden lassen: die Anlage als unterirdisches Gebäude und die Konzeption eines Konzertsaals, der einem Amphitheater nachempfunden wurde. Hier haben die beiden Architekten bewiesen, dass sie den Blick für das Wesentliche des Auftrags nicht aus den Augen verloren haben: die Musik.

Die Umsetzung dieser beiden Aspekte ist schon jeder für sich als Geniestreich zu sehen. Die Kombination aus beidem hingegen hat dazu geführt, dass seit 25 Jahren 14 Millionen Menschen in den Genuss eines einzigartigen Musik-Erlebnisses kommen konnten.

Die Architektur der Kölner Philharmonie ist der entscheidende Grund, aus dem in 9000 Konzerten erstklassige Solisten, Dirigenten und Ensembles aus aller Welt hier voller Begeisterung gastiert haben und ihre Begeisterung darüber in die Welt tragen.

Die Kölner Philharmonie ist für die Stadt, die Region und das Land architektonisch ein besonderer Schatz. Ihn zu pflegen, zu erhalten und mit Leben zu füllen ist eine ehrenwerte Aufgabe. Und ein Glück!

Louwrens Langevoort

Kölner Philharmonie

Intendant

 Die Idee: Der Blick auf den Dom bleibt erhalten

Einführung

Große Bauprojekte entstehen häufig unter schweren Geburtswehen und in einem Zeitrahmen, der sich über Jahrzehnte erstreckt. Oft hemmen unterwegs finanzielle und politische Turbulenzen den Fortgang. Das Städtebauprojekt zwischen Dom und Rhein mit der Kölner Philharmonie und dem Museum Ludwig war in dieser Hinsicht eine seltene Ausnahme: Es entwickelte sich unmittelbar aus einem internationalen Ideenwettbewerb unter Architekten im Zeitraum von zehn Jahren, in einem auf der Vorentwurfsplanung basierenden Finanzrahmen. Zwar musste dieser durch hinzukommende Ansprüche fortgeschrieben werden, worüber es in der Politik, vor allem auch parteiintern, heftige Auseinandersetzungen gegeben hat. Doch fielen die Entscheidungen über das Projekt in den verschiedenen Entstehungsphasen, ohne dass es dabei zu Irritationen gekommen wäre, die die Substanz bedroht hätten.

Wir als jene Architekten, nach deren Plänen das Gesamtprojekt für ein städtebauliches und kulturelles Herz der Stadt Köln verwirklicht wurde, wollen auf den folgenden Seiten die Geschichte dieses Enstehungsprozesses erzählen. Bildende Kunst und Musik wurden hier unter einem Dach vereint. Diese enge Nachbarschaft ermöglicht ihnen über ihr ausgeprägtes Eigenleben hinaus vielfältige, einander gegenseitig anregende kulturelle Interaktionen. An dieser Entstehungsgeschichte zeigt sich nebenbei, was sich auch heute noch bewegen lässt, wenn eine Idee so überzeugt, dass sich Rat und Verwaltung einer Stadt und ihre engagierten Bürger begeistert bemühen, sie zu verwirklichen.

Als am 3. März 2009 das Historische Archiv der Stadt Köln einstürzte, wurde auch unser bereits dort deponierter Teilnachlass zerstört. Darunter befanden sich das Wettbewerbsmodell, mit dem wir im Frühjahr 1976 den internationalen Ideenwettbewerb für das Dom-Rhein-Projekt gewannen, sowie viele Dokumente der hochkomplexen Planungsphase. Der Schock dieses plötzlichen Verlustes an anschaulichem Material und damit einer wichtigen Informationsgrundlage hat uns bewegt und motiviert, unsere Erinnerungen aus der Entstehungszeit und unsere Erfahrungen in den 25 Jahren erfolgreicher Bespielung zu erzählen und zu bewahren – für viele Kölner und alle Besucher des großen Kulturzentrums zwischen Dom und Rhein. Wir erinnern damit an die Entstehungsgeschichte eines für Köln nicht mehr wegzudenkenden Projekts, anhand persönlicher Aufzeichnungen und glücklicherweise noch vorhandener Kopien und Fotografien, die nicht dem Einsturz zum Opfer fielen.

Phasenweise war die Verwirklichung dieses Projektes für alle Beteiligten eine dramatische Geschichte, deren Schilderung über das hinausgehen muss, was zum Beispiel in der zur Einweihung veröffentlichten Broschüre – *Zwischen Dom und Strom* – zu lesen ist. Als Architekten schildern wir hier die Ereignisse aus unserer ganz persönlichen Sicht. Dies geschieht mit dem Wunsch, so objektiv wie nötig zu sein, aber im Bewusstsein, dass – wie es ein Dichter einmal treffend formuliert hat – die beste Objektivität eine ehrliche Subjektivität ist. Dabei beschreiben wir einerseits, wie unser Opus magnum mit unseren persönlichen Biografien verflochten ist; andererseits schildern wir unser Ringen um das Werk, von der Idee bis zur Gestaltung im Detail, in seinen Besonderheiten und bezogen auf seine Wirkungsgeschichte.

1 Der Ort

Das spirituelle Herz der Stadt Köln ist der Dom. Die unmittelbare Umgebung des Doms ist darum von herausragender Bedeutung für sein Ausstrahlen in die Stadt und auf ihre kulturellen Ereignisse. Im Mittelalter, in einer Zeit, als der unvollendete Dom eine von 365 Kirchen innerhalb der Stadtmauer gewesen ist, war er direkt von Häusern und Gassen umgeben. Das ist auch der Grund, warum sein Sockel bis zum Kapellenkranz im Vergleich zur filigranen Gliederung im oberen Bereich roh gestaltet ist, denn dieser Teil war ja nie in seiner Gesamtwirkung, sondern nur in kleinen Ausschnitten sichtbar. Erst im 19. Jahrhundert wurde in einem jahrelangen Prozess die Bebauung in seiner unmittelbaren Nähe sukzessive entfernt, um ihn als nationales Denkmal »freizulegen« und als solches zu betonen. Dies geschah im Zusammenhang mit der Fertigstellung der Domtürme und der Einweihung des Doms als fertiggestelltes Bauwerk 1880. Die Zerstörung der Bebauung zwischen Dom und Rhein im Zweiten Weltkrieg hat zudem eine Wunde zwischen Dom und Stadt gerissen.

Zwei sich gegenseitig bedingende Entscheidungen haben nach dem Krieg die Domumgebung maßgeblich bestimmt: einerseits die folgenreiche und aus heutiger Sicht katastrophale Fehlentscheidung, mit einer Hauptader des Verkehrs im Norden und Osten den Dom in unmittelbarer Nähe zu umfahren; andererseits der Bau der Domplatte zusammen mit dem Römisch-Germanischen Museum in den 1970er-Jahren.

Zur Zeit der ersten Entscheidung war jene Aufbruchstimmung längst verflogen, als der Architekt Rudolf Schwarz zusammen mit mehreren ehrenamtlich arbeitenden Kölner Architekten die zukünftige Gestalt von Köln konzipierte. Man kann es fast als Tragödie bezeichnen, dass dieses Mandat dem großen Architekten wieder entzogen wurde.

(Als Gottfried Böhm 2008 seinen außer Konkurrenz entstandenen Entwurf für das 1962 fertiggestellte Schauspielhaus am Offenbachplatz vorstellte, hat er an die fruchtbare Zusammenarbeit mit Schwarz in der Kölner »Wiederaufbaugesellschaft« erinnert.)

Rudolf Schwarz hätte gewiss die katastrophale Fehlentscheidung der Verkehrsführung am Dom nicht durchgehen lassen. Sie war die Folge eines Gutachtens, das die Stadt Köln bei Professor Bruno Wehner in Auftrag gegeben hatte, dem damaligen »Papst der Verkehrsplaner«. Die unselige Straße am Domhof östlich des Domchors kappte sowohl die so wichtige Verbindung zwischen dem Dom und der Bahnhofsvorhalle, als auch jene zwischen Dombereich und Rhein, und erzwang damit im Grunde die Konzeption der immer wieder in der Kritik stehenden »Domplatte«. Unvergessen die Karikatur dieser Lösung von Wolf Vostell, der vorschlug, den Verkehr doch gleich durch den Kölner Dom zu führen und ihn damit zu einer großen Verkehrskreuzung zu machen!

Wie haben wir Architekten Köln und diesen zentralen Ort in unserer Anfangszeit erlebt? Peter Busmann berichtet: »1952 besuchte ich als Schüler das zerstörte Köln. Im Studium befasste ich mich ein Semester lang bei Professor Arnold Tschira in Karlsruhe mit der Befestigung des mittelalterlichen Köln und gewann so schon früh eine konkrete Vorstellung von der Geschichte des Ortes. 1957 verfolgte ich den großen Wettbewerb um die Gestaltung der Domumgebung. Nach den Vorstellungen des Preisträgers, Dr. Walter Fleck aus Köln, entstanden dann später der Roncalliplatz mit angrenzenden Bauten sowie das Hotel Mondial.

Als ich 1958 nach Köln kam, war das Wallraf-Richartz-Museum von Rudolf Schwarz gerade fertiggestellt. (Konrad Adenauer lehnte es ab, weil es ihn an eine Fabrik erinnerte.) Auf meiner allmorgendlichen Fahrt vom Königsforst in das Büro von Dr. Schulze/Dr. Hesse in Köln-Lindenthal passierte ich den Busbahnhof zwischen Dom und Rhein und erlebte so täglich den harten Gegensatz: einerseits den Dom, großartig überhöht wie eine Gralsburg; andererseits seine Umgebung, frustrierend in ihrer Nicht-Gestaltung. Hier sind früher vom Rhein kommend Pilger und auch Könige die Stufen zum Dom emporgeschritten, vorbei an der Kirche St. Maria ad Gradus (»Maria zu den Stufen«).

Den Wettbewerb für die »Domplatte«, den Fritz Schaller gewann, sah ich mir genau an. Mein Eindruck: fragwürdige »Garnierung« des Doms in der Sockelebene. Das Reiß-

bodenhaus der Dombauhütte hatte die Ausstrahlung eines Einfamilienhauses. Direkt daneben lag der von Anfang an umstrittene Dionysoshof mit der schönen Brunnenskulptur von Hans Karl Burgeff. Unverständlicherweise ignoriert der Hof bis heute das älteste christliche Bauzeugnis direkt dahinter: das Baptisterium.

Ein Chargesheimer-Foto vom schon damals verwahrlosten Dionysoshof spricht Bände. Der vom Dom kommende Besucher blieb hier ratlos stehen, angesichts des nicht gestalteten städtischen Raumes zwischen Dom und Rheinufer.

Später studierte ich die Pläne der verschiedenen Dombaumeister für die Umgebung des Doms, auch das Konzept von Schinkel direkt zu Beginn der Wiederaufnahme der Bauarbeiten am Dom. Ungläubig hörte ich, dass nach Kriegsende noch die Türme der Hohenzollernbrücke gestanden hatten, die dann aufgrund einer von Hans Schmitt-Rost initiierten Bürgerbewegung gesprengt wurden, etwa zeitgleich mit der Sprengung des als Ruine noch vorhandenen alten Opernhauses am Rudolfplatz, die aus heutiger Sicht nicht mehr denkbar wäre.

Am 15. November 1958 lief ich, während meine Frau Vreneli bei der Geburt unserer Tochter Gesa in Köln-Kalk in den Wehen lag, vom Königsforst Richtung Kölner Innenstadt und – als ich in einer Telefonzelle von der glücklichen Geburt erfuhr und man mich noch nicht vorließ (so war das damals!) – weiter zu Fuß zum Dom, um dort aus Dankbarkeit eine Kerze zu entzünden. Dabei passierte ich den Ort des späteren Dom-Rhein-Projektes, ohne zu ahnen, was hier eines Tages auf mich zukommen würde.

Die Stelle als Architekt in dem Kölner Architekturbüro hatte ich eher zufällig erhalten. Als ich im Frühjahr 1958, nach bestandenem Diplom bei Egon Eiermann in Karlsruhe, im Kölner Bahnhof ein paar Stunden Aufenthalt hatte, nutzte ich diese Zeit zur Vorstellung im Büro Schulze / Hesse. Ich hätte genauso gut in Frankfurt, Berlin, Basel oder sonstwo landen können.

Schulze / Hesse gewannen den Wettbewerb für den Wiederaufbau des Stapelhauses, das ich so als junger Architekt entwerfen konnte, im Rahmen von Bedingungen der Stadtkonservatorin Hanna Adenauer. Der markante Bau steht jetzt da mit direktem Bezug zum Rheingarten über dem Rheinufertunnel, in der Mitte zwischen Markmannsgasse und dem Aufgang zum Museum Ludwig.

Mit dem ersten Preis und Auftrag im Wettbewerb für das Max-Ernst-Gymnasium in Brühl konnte ich mich 1962 in Köln selbstständig machen. Bereits im Frühjahr 1965 lernte ich Godfrid kennen, der zu dieser Zeit noch in Stuttgart bei Rolf Gutbrod studierte und sich auf das Diplom vorbereitete. In den Semesterferien kam er in mein kleines Kölner Büro, und wir bearbeiteten dort unter anderem den Entwurf für das Konrad-Adenauer-Gymnasium in Bonn-Bad Godesberg, das nach gewonnenem Wettbewerb auch gebaut wurde. Trotz des großen Altersunterschiedes konnte ich ihn mir schon damals gut als Partner vorstellen. Er wollte natürlich erst sein Diplom machen und arbeitete danach zunächst einmal in Stuttgart im Büro von Günter Behnisch, da seine Frau im Schuldienst als Musiklehrerin nicht nach Nordrhein-Westfalen wechseln konnte. Dort hat er im Team für den Wettbewerbsentwurf der Olympiade in München mitgewirkt. Da dieser siegreich war und zum Auftrag führte, ist er als Projektleiter mit dem Büro Behnisch nach München gezogen und war dort bis zur Fertigstellung der Olympiabauten 1972 tätig. Dann war die Vorstellung unserer Zusammenarbeit so weit ausgereift, dass wir fortan mein Büro gemeinsam unter dem Namen Busmann + Haberer weiterführten.«

Godfrid Haberer erzählt von seiner ersten Begegnung mit der Stadt Köln: »Als ich 1965 zum ersten Mal aus der Haupthalle des Kölner Hauptbahnhofs kommend auf den Dom blickte, war ich von seiner Nähe zum Bahnhof und von seiner Größe überwältigt. Besonders beeindruckte mich: Er stand damals noch auf einem Grashügel, der zwar etwas verwildert schien, jedoch für diese innerstädtische Lage außergewöhnlich wirkte. Davor brauste der Verkehr zwischen Bahnhofsvorplatz und Dom. Die ›Domplatte‹ von Architekt Fritz Schaller mit ihren Treppenaufgängen war noch nicht gebaut, ebensowenig natürlich das Römisch-Germanische Museum. Das Umfeld des Domes, insbesondere der riesige Busbahnhof am Fuße des Ostchores, erschien mir desolat und provisorisch. Die ganze Stadt erlebte ich damals wie mit Keulen zusammengeschlagen: weniger wegen der enormen Kriegszerstörungen und noch bestehenden Baulücken, sondern vor allem wegen der vielen hässlich wiederauf- oder neugebauten Häuser. Ich denke dabei zum Beispiel an die alten WDR-Bauten oder das Posthochhaus mit seinen unfertig wirkenden Luftgeschossen an der Ost-West-Achse. Da auch die romanischen Kirchen Mitte der 1960er-Jahre noch nicht wiederaufgebaut und restauriert waren, vermittelte das Terrain nur bruchstückhafte Eindrücke von der vormals so beeindruckend großen Altstadt. Besonders der zerstörerische Eingriff der Nord-Süd-Fahrt tat mir in der Seele weh.

Ich hatte bereits bei meinen ersten Stadtgängen das Gefühl: Hier helfen nur grundlegende zusammenhängende Erneuerungen. Damals bin ich oft zu Fuß vom Bahnhof die Hohe Straße entlang über den Waidmarkt und die Severinstraße bis zum Büro von Peter in der Straße an St. Katharinen gegangen. Ich arbeitete vor allem am Wettbewerb für das Konrad-Adenauer-Gymnasium in Bad Godesberg, und nach dessen Gewinn und der Erteilung des Auftrags weiter am Entwurf dieses erfolgreichen Projekts. Natürlich wurde ich von Peter in die Architektensorgen und speziellen stadträumlichen Probleme eingeweiht. Meine Beschäftigung mit diesem Thema intensivierte sich dann noch beträchtlich, nachdem wir uns 1972 entschieden hatten, Partner zu werden.«

2 Die Rahmenbedingungen

Bis 1967 gab es in Köln ein großes Baudezernat für Stadtplanung, Hochbau, Tiefbau und Straßenbau unter Leitung des Beigeordneten Heinz Kleppe, eines Juristen. Trotz einiger Planungs- und Bausünden (unter anderem Nord-Süd-Fahrt, Lufthansa-Hochhaus, Umfahrung des Neumarkts) war das Stadtbild einigermaßen intakt geblieben. Vor allem die Dominanz des Doms blieb gewahrt. Nach dem Ausscheiden von Kleppe teilten die großen Parteien SPD und CDU das Baudezernat unter sich auf. Im öffentlichen Protest gegen diese verhängnisvolle Entscheidung trafen sich die Architekten Busmann, Rasch, Ruoff, Schneider-Wessling, Smrha, Spierz, Trint und Zander und formulierten gemeinsam mit den Professoren René König (Soziologe) und Alfred Müller-Armack (Nationalökonom) einen Aufruf. Dessen Veröffentlichung blieb im Rat der Stadt ohne Resonanz. Aber im Laufe der Jahre ist alles eingetroffen, wovor wir damals gewarnt haben.

Die Verkehrsplanung – schon damals mit dem größten Etat ausgestattet – verselbstständigte sich immer mehr, wurde sozusagen zum »Staat im Staate« neben der Stadtentwicklung und der Hochbauplanung. Diese wiederum verfolgte unter der Leitung des ehrgeizigen Baudezernenten Architekt Werner Baecker Pläne, welche die Stadtsilhouette total veränderten. Der Dom stand bald inmitten einer »wilden Herde« von hohen Häusern, und die Silhouette der Stadt präsentierte sich wie ein marodes Gebiss mit vielen Zahnlücken. Grotesk war Baeckers Vorschlag, mit einer riesigen Platte vom Dom über den Gleiskörper des Bahnhofs hinweg die Kölner Altstadt mit dem Breslauer Platz und dem Kunibertviertel zu verbinden, anstatt auf der unteren, viel wichtigeren Ebene eine Lösung zu erarbeiten. (Auf sie wartet man teilweise bis heute noch. Die dafür entscheidende Johannisstraße wird von der Stadtplanung weiterhin vernachlässigt.)

Günter Herterich, der damalige Fraktionsvorsitzende der größten Partei, der SPD, hielt die Plattenidee zu Recht für absurd und überwarf sich darüber mit dem Baudezernenten. Herterich verwehrte Baecker in der Folge den Zutritt zu den Arbeitskreissitzungen, in denen die wesentlichen Entscheidungen für das politische Handeln beschlossen wurden. Dadurch war der Dezernent praktisch entmachtet. Zugleich waren wir protestierenden jungen Architekten Baecker ein Dorn im Auge. Auch andere Kölner Architekten, die sich bei SPD und CDU gleichermaßen kräftig »bedienten« (Unihochhaus, Behördenbauten an der Luxemburger Straße, Siedlungen in Bocklemünd und Neubrück), wurden von Günter Herterich sehr kritisch wahrgenommen, als er den Fraktionsvorsitz übernahm.

Ende der 1960er-Jahre gründeten einige der gegen die Stadtplanung protestierenden Architekten, initiiert von Peter Busmann und Erich Schneider-Wessling, den BAUTURM, eine Gemeinschaft von selbstständigen Architektur- und Ingenieurbüros, um projektbezogene Arbeitsgemeinschaften bilden zu können und miteinander zu kooperieren. So konnten etwa bei Kapazitätsengpässen Mitarbeiter untereinander ausgeliehen werden. Die Idee des BAUTURM orientierte sich an dem Vorbild »The Architects Collaborativ (T. A. C.)«, einer Kooperative, die der große Architekt Walter Gropius nach seiner Emigration in die USA gegründet hatte. Der Geist dieser Teamarbeit stand auch bei der Gründung des BAUTURM Pate, allerdings mit dem Erhalt der wirtschaftlichen Selbstständigkeit der beteiligten Partnerbüros. Der zentrale Begriff *Freiheit* war das Fundament all dieser Bestrebungen. Dieser Geist der Freiheit ist der wesentliche Grund dafür, dass die Idee des BAUTURM mehr als 40 Jahre nach der Gründung immer noch lebendig ist.

 Flugblatt »Rettet die Aachener Straße«, 1987 – rechts: BAUTURM

Zur Entstehungsgeschichte und zum Geist des BAUTURM möchten wir unseren Kollegen und Freund Erich Schneider-Wessling zu Wort kommen lassen, war er es doch, der 1968 den entscheidenden Anstoß zu seiner Gründung gab:

»In den frühen 1960er-Jahren herrscht Aufbruchstimmung in Köln. Experimente sind angesagt: Die Tonangebenden in der Musik sind Nam June Paik, Stockhausen und das elektronische Studio im WDR und vor allem Mauricio Kagel. In der Literatur und im Theater sind es Caspari mit ›Originale‹ und Helms, in den freien Künsten dominieren Christo und Vostell. In der Architektur diskutieren wir die visionären Ideen von Eckhard Schulze-Fielitz, Yona Friedman, Friedrich Kieslers ›Raumstadt‹ sowie Constant Nieuwenhuys und sein ›New Babylon‹. Die Initativen der Galeristen Zwirner und Stünke führen zum Kunstmarkt Köln, manchmal werden die sogenannten ›Happenings‹ mit Polizeigewalt aufgelöst. Mary Bauermeister bringt in einer Art Club diese Leute zusammen. Kunstbegriffe werden durchbrochen und überschritten.

Später wird diese Zeit im Begriff *Fluxus* eingefroren. Ein Diskussionsforum ist der Republikanische Club, dessen Aktionen von den Medien dankbar aufgenommen werden.

Wir dachten über neue Wohnformen nach. Zugleich nahmen pädagogische Ideen konkrete Formen an. Kinder sollten frei aufwachsen, selbst bestimmen, was sie tun wollten, um so soziales Verhalten zu lernen. Die Montessori-Pädagogik war unsere Antwort auf diese Herausforderungen. Montessori-Eltern waren es dann auch, die das ›Urbane Wohnen‹ ins Leben riefen, eine kommuneähnliche Genossenschaft in der Stadt.

1965 wurde ein Wettbewerb für das Montessori-Zentrum durchgeführt. Neben konventionellen Entwürfen waren die von Peter und mir formal zwar unterschiedlich, aber im Geiste verwandt. Aus Konkurrenten wurden Freunde. Wir formierten die ›Stadtgänger‹, die sich 1967 um Entwicklungen in der Stadt Köln kümmerten.

Im Juni 1968 haben wir die ›Stadtgänger‹-Architekten und unsere Ingenieure aufgefordert, näher zusammenzurücken und eine Arbeitskommune zu gründen. Ziel dieses Zusammenschlusses sollte kein ›Superbüro‹ sein. Vielmehr wollten wir die selbstständige, individuelle Existenz der einzelnen Partnerbüros erhalten und durch die verschiedenen Persönlichkeiten, Gestaltungsvorstellungen, ›Atmosphären‹ und so weiter, kurz: durch Vielfalt die Gemeinschaft bereichern.

Die Telefonistin konnte unmöglich, wenn sie sich für das Büro meldete, die Namen aller Beteiligten hersagen. Also musste ein bündiger Begriff gefunden werden. Der Name BAUTURM, in Anlehnung ans Bauhaus, passte gut, zumal wir den Plan hatten, einen Wasserturm als Büro auszubauen.

Aus der Kölner Kerngruppe mit Busmann, Hachenberg, Schneider-Wessling und den Ingenieuren Tripler und Pfau entstand in Erwartung eines städtebaulichen Auftrags der Stadt, aus dem dann nichts wurde, ein Zusammenschluss mit vier weiteren Architekten.

Die Erfolge der großen Gruppe, die wenig programmatische Gemeinsamkeiten hatte, bei den Wettbewerben ›Musikhochschule Köln‹ und ›Gesamtschule Rodenkirchen‹, führten rasch zur Sezession in den BAUTURM einerseits und in die ›Werkgruppe 7‹ andererseits. Die Krise ergab sich aus der Unfähigkeit der Gruppe, sich auf einen gemeinsamen Nenner zu einigen. Die Auffassungen waren selbst in den Zielsetzungen zu unterschiedlich. Die wesentlichen Konfliktpunkte waren das Engagement hinsichtlich neuer Wohnformen, die Mitwirkung der Ingenieure, das Mitbestimmungsmodell der BAUTURM-Mitarbeiter und ein Identitätsproblem. Wie sollte man sich beispielsweise mit der Architektur einer Gesamtschule identifizieren, wenn man sie nicht mitgestaltet hatte?

Die Musikhochschule Köln, die der Überzeugung der BAUTURM-Gründer mit der Grundidee der urbanen Integration und der Dualität von Kommunikation und Individuation entsprach, wurde von den drei Mitgliedern Trint, Busmann und Schneider-Wessling unter dem Namen ›Werkgruppe 7 im BAUTURM‹ ausgeführt. Die enge Zusammenarbeit an dem Projekt resultierte sowohl aus der Kontinuität des auf zwei Architekturbüros geschrumpften BAUTURM mit Peter Busmann und mir als auch aus einer kollegialen Freundschaft mit Peter Trint, der das Projekt federführend betreute. Der so ›gerüttelte‹ BAUTURM zog 1970 in das Haus Aachener Straße 24. Die Genossenschaft ›Urbanes Wohnen‹ siedelte sich im BAUTURM an. Das Dachgeschoss wurde zum Versammlungsraum, in dem Arbeitskreise und Initiativgruppen tagten.

Zwei Jahre später wurde Godfrid Partner von Peter und damit auch Mitglied im BAUTURM. 1973 machten sich Zeki Dinekli und Heinz-Georg Neussl im BAUTURM selbstständig. Die Gesamthochschule Siegen wurde für eine größere Architektengruppe im BAUTURM federführend geplant.

Das Projekt ›Urbanes Wohnen‹ wurde nicht gebaut. Die Kommunalpolitik duldete die politisch autonome Gruppe nicht. Jedoch spannte sich das Netz der neuen Freunde, der Mitglieder des ›Urbanen Wohnens‹, bald über die ganze Stadt und funktionierte, als wäre das Haus gebaut worden. Auf die Menschen kommt es eben an!

Immer wieder beschäftigte uns die Frage, wie Kinder in unserer Gesellschaft aufwachsen. Mit dem Behnisch-Schüler Godfrid entwickelten wir in einem Wettbewerb die Konzeption einer weiteren Gesamtschule in Bonn-Beuel, mit dem Ziel, den negativen Folgen der großen Zahl von Schülern durch Gliederung in ›Häuser‹ und Gruppen entgegenzuwirken. Mit gutem Ergebnis: Sie gilt als eine der besonders beliebten und erfolgreichen Gesamtschulen.

Anfang der 1980er-Jahre konnten wir die Häuser erwerben, die der BAUTURM mittlerweile bewohnte. Ein Zentrum für Theater und Architektur sollte es werden, mit einem Straßencafé für den Gedankenaustausch und dem ›Theater im BAUTURM‹, in dem Gesellschaftskritisches gespielt wurde und noch heute wird. (Ein Dauerbrenner war zum Beispiel in der Saison 2007/08 *Köln ist Kasse* von Heinrich Pachl, das den Kölner Klüngel aufspießt.)«

Heute ist der BAUTURM in Köln vor allem als Theater ein Begriff. Nach einem Jahrzehnt Pantomime mit Milan Sladek in den Räumen des Theaters wurde vor 30 Jahren das »Theater im BAUTURM« von Vreneli Busmann, Gerda Haberer, Hans-Georg Bögner und weiteren theater- und musikbegeisterten Künstlern gegründet, zunächst als »Untermieter« im Haus der Architekten. Jetzt ist es der alleinige strahlende Mittelpunkt des Hauses.

Anfang der 1970er-Jahre hatte Peter mit Freunden die *Bürgerinitiative Brandt-Scheel* zur Rettung der Ostverträge gegründet, deren Zentrale in seinem Büro im BAUTURM untergebracht war. Unnötig zu sagen, dass diese letztlich erfolgreiche Initiative von Günter Herterich seitens der SPD ebenso begrüßt wurde wie von Gerhart Baum seitens der FDP. Das Vertrauensverhältnis, das damals zwischen Günter Herterich und den Architekten des BAUTURM entstand, hat sich rückblickend segensreich ausgewirkt, konnte sich Herterich doch darauf verlassen, dass Peter auch mit seinem Partner Godfrid die Planung des Dom-Rhein-Projektes uneigennützig betreiben würde, nachdem sie im Januar 1976 den Wettbewerb gewonnen hatten.

3 Der Ideenwettbewerb

Die Stadt Köln hatte 1975 einen bundesweiten Ideenwettbewerb mit einigen internationalen Einladungen unter Architekten ausgeschrieben. Sie wollte klären, ob das riesige Raumprogramm für ein neues Museum auf dem als Kriegswunde entstandenen Platz zwischen Dom und Rhein realisierbar sei. Die Frage lautete: Gibt es städtebaulich verträgliche Lösungen an einer der heikelsten Stellen der kriegszerstörten Stadt und des Stadtpanoramas? Zugleich galt es, eine städtebauliche Lösung für den Breslauer Platz auf der Nordseite des Bahnkörpers zu finden, durch die der provisorisch auf dem großen Platz vor dem Dom untergebrachte Busbahnhof näher an die Eingänge des Hauptbahnhofes verlegt und eine bauliche Fassung des Breslauer Platzes gefunden werden sollte. Beides zusammen ein gigantisches zukunftsträchtiges Projekt auf dem Weg zu einer veränderten Stadtgestalt!

Zunächst zögerten wir beide, uns an diesem Wettbewerb zu beteiligen. Allzu oft hatte die Stadt städtebauliche Wettbewerbe und Gutachten ausgeschrieben, aus deren Ergebnis keinerlei konkrete Aufgaben für Architekten erwuchsen, sodass wir befürchteten, es handle sich auch in diesem Fall um eine jener für Architekten so entmutigenden »Luftnummern«, bei denen auf die Prämierung kein Planungsauftrag folgt.

Drei Monate vor der Abgabe dachten wir immerhin über eine Beteiligung als BAUTURM-Projekt in Arbeitsgemeinschaft mit Erich Schneider-Wessling nach, der bereit war, die Federführung zu übernehmen. Doch beim ersten gemeinsamen Treffen, in dem wir wie üblich die Grundkonzepte der beiden Büros besprachen, stellte sich heraus, dass unsere Konzepte diametral verschieden waren und sich in keiner Weise vereinbaren ließen. Erich schlug vor, die Hauseinheiten der Altstadtsilhouette bis zur Hohenzollernbrücke fortzusetzen und das Museum bescheiden in die fortgesetzte Altstadtstruktur einzubinden. Wir hatten aufgrund einer Ortsbesichtigung die Idee, die durch den Krieg entstandene freie Sicht vom Rheinufer auf den Dom, an die sich die Kölner längst gewöhnt hatten, durch eine Randbebauung des Grundstücks freizuhalten, sodass der Domhügel im Zusammenhang mit dem Rheingarten als ein gemeinsamer Freiraum erlebbar würde. Beide Lösungen waren in sich stimmig und überzeugend. Wir waren daher wie gelähmt und wussten nicht, wie wir gemeinsam weitermachen sollten – obwohl immerhin die

Skizze zum Wettbewerbsmodell

gemeinsame Idee eines Museumskontinuums im direkten Anschluss an das Römisch-Germanische Museum im Raum stand, die wir alle drei für weiter verfolgenswert hielten. Darüber verstrichen mehr als zwei Monate mit Tagesarbeit, ohne dass ein weiteres Treffen stattgefunden hätte.

Zwei Wochen vor dem letzten Abgabetermin begegneten sich Erich und Peter zufällig auf der Treppe des BAUTURM, kurz bevor Peter eine kurze Reise zum Studium des fränkischen Barock antreten wollte. Beide waren sich einig, dass eine gemeinsame Bearbeitung zeitlich nicht mehr zu schaffen wäre und allenfalls noch ein Büro allein diese Aufgabe bewältigen könnte. Erich wollte nicht weiter aktiv werden und stellte es Peter frei, sich angesichts der knappen Restzeit bis zur Abgabe allein am Wettbewerb zu beteiligen.

Vom überwältigenden Eindruck Würzburgs, von den Klöstern Banz, St. Florian und Vierzehnheiligen beschwingt, reifte in Peter der Entschluss, trotz der knappen Zeit von zehn Tagen bis zum Abgabetermin den Wettbewerb doch noch mitzumachen. Beflügelt kam er zurück und sagte zu Godfrid: »Jetzt sind es nur noch zehn Tage bis zur Abgabe! Ich fände es sehr schade, wenn unsere überzeugende Idee keine Chance hätte. Es ist ja schließlich ein Ideenwettbewerb, da darf solch eine gute Idee nicht fehlen. Und im übrigen können wir auch als kleines Büro in diesen zehn Tagen nicht allzu viel verlieren, wenn wir den Wettbewerb jetzt alleine durchziehen. Außerdem sollten wir uns als Kölner Architekten verpflichtet fühlen, mit dieser Grundidee einen Beitrag zu leisten.« Godfrid stimmte ihm sofort zu und ließ sich von Peters Schwung anstecken. Dies bedeutete, alle Termine der kommenden zehn Tage abzusagen, unerreichbar zu sein, sich in ein Zimmer der Wohnung zurückzuziehen und anhand eines Arbeitsmodells die Lösung zu entwickeln.

An dieser Stelle ist eine grundsätzliche Bemerkung zur Veranstaltung von Wettbewerben nötig. Alles, was wir noch weiter berichten werden, wäre nicht möglich gewesen, wenn es sich nicht um einen *Ideen*wettbewerb gehandelt hätte, bei dem es nicht darauf ankommt, alle Vorgaben peinlich genau zu erfüllen, aber umso fantasievoller und ideenreicher auf die wirklich wichtigen Fragen und Probleme einer Aufgabe zu antworten. Der Architekt ist hier nicht als dienstleistender Erfüllungsgehilfe gefordert, sondern als ideengebender gleichberechtigter Partner, dem auch die Freiheit und die Wahl der Mittel überlassen werden sollte, wie er seine Idee formuliert und präsentiert. Wenn wir so etwas sagen, schwingt natürlich unser Selbstverständnis als Architekten mit, denen die digitalen Planungswerkzeuge noch nicht den Zeichenstift aus der Hand geschlagen haben und die überhaupt ihren Beruf noch als Handwerk verstehen. (Wohlgemerkt: im Ideen findenden und gebenden Konzeptionsbereich einer Aufgabe, also bei dem, was Architekten »Entwurf« nennen; nicht jedoch bei der Durchplanung eines Projektes, bei der man heute digitale Methoden kaum noch entbehren kann.)

Bereits beim Studium des Raumprogramms wurde uns klar, dass der für Veranstaltungen der beiden Museen vorgesehene Mehrzwecksaal mit immerhin 2000 m² Grundfläche (eine Höhe war nicht vorgegeben) die Chance bieten würde, bildende Kunst und Musik in einen Erlebniszusammenhang zu bringen, vergleichbar dem damals noch existierenden Kunst- und Kongresshaus von Armin Meili in Luzern. In diesem Konzertsaal inmitten der ringsum angeordneten Ausstellungsräume des Kunstmuseums hatten von Beginn an die berühmten Luzerner String-Festivals stattgefunden. (Der Neubau von Jean Nouvel hat leider dieses schöne Konzept nicht aufgegriffen, sondern vielmehr zerstört.)

Interessanterweise tauchte unter den vielen Nutzungsmöglichkeiten für den Mehrzwecksaal, die das Programm aufzählte – angeregt von den in den 1960er-Jahren virulenten Happenings, Fluxus und ähnlichem, was heute unter dem Namen »Event« laufen würde – auch das Stichwort »Musik« auf, ohne dass damit die Vorstellung von einem Konzertsaal verbunden gewesen wäre. Rückblickend kann dieser prophetische Geistesblitz nur den geheimen Gedanken des genialen, strategisch denkenden Kulturdezernenten Kurt Hackenberg entsprungen sein. Angesichts der zu erwartenden enormen Kosten für den Neubau der beiden Museen hat er sich wohlweislich gehütet, die definitive Nutzung als Konzertsaal in das Programm aufzunehmen, obwohl andererseits schon lange klar war, dass der nach dem Krieg wiederhergestellte Gürzenich nicht annähernd die akustische Qualität des ursprünglichen Saals hatte und dem hohen Niveau des Gürzenichorchesters nicht gerecht wurde. Auch das weltberühmte Rundfunk-Sinfonie-Orchester des WDR war dauernd in auswärtigen Sälen unterwegs, da in Köln ein angemessener Konzertsaal fehlte.

Dieser Missstand war uns Architekten seinerzeit bewusst. Darum war uns klar, dass dieser Saal optimale Bedingungen für das Erklingen von Musik bieten musste. So beschlossen wir, wie auch immer sich unter unseren Händen die Konzeption für die Aufgabe entwickeln würde, diesen Mehrzwecksaal als reinen Konzertsaal mit ansteigendem Gestühl zu konzipieren. Dies war der erste »Pflock« im nun sich in großer Dichte und Geschwindigkeit abwickelnden schöpferischen Prozess. Die zugleich gewünschte Nutzung als Mehrzwecksaal mit ebenem Parkett sollte dabei durch Hubpodien ermöglicht werden.

Durch unseren Entschluss, einen Konzertsaal zu entwerfen, kam die Musik ins Spiel, die uns selbst und damit das ganze Projekt in Schwingung und dann in einen Schwung versetzte, der bis heute angehalten hat. Peter sagt dazu: »Dies hat natürlich auch damit zu tun, dass wir beide neben unserem Beruf als Architekten leidenschaftliche Musiker sind. Kennengelernt hatten wir uns durch Godfrids Frau Gerda, meine Cousine, eine professionelle Sängerin, die ihrem Mann in der Gächinger Kantorei begegnet war. Als die beiden sich verlobten, hat mich meine Cousine sofort mit ihm in Köln besucht. Der Name dieser Kantorei geht wiederum zurück auf den Ort Gächingen auf der Schwäbischen Alb, wo der Vater von Godfrid, begnadeter Architekt und Maler, ein geräumiges Atelierhaus gebaut hatte, in dem der Chor regelmäßig probte. Die Musik war es vor allem auch, die Godfrid und mich zusammenführte, indem wir zusammen musizierten, er auf der Querflöte und dem Klavier, ich als Cellist. Bis heute hat er die Gabe, auf diesen beiden Instrumenten fantastisch zu improvisieren. Ich selbst hatte mit acht Jahren während des Krieges angefangen, das Cellospiel zu lernen – jäh unterbrochen durch den Bombenkrieg – und erst zehn Jahre später diese Leidenschaft wiederbelebt, dann allerdings ohne Aussicht, daraus einen Beruf zu machen.«

4 Die Arbeit am Wettbewerb

Als der Kölner Architekt Walter von Lom hörte, dass wir erst zehn Tage vor Abgabe mit der Arbeit am Wettbewerb für das Dom-Rhein-Projekt begonnen hatten, meinte er nur lakonisch: »Ein Konkurrent weniger«. In der Tat schien es fast aussichtslos, das komplexe Programm auf einem der anspruchsvollsten Grundstücke, das weltweit denkbar ist, noch dazu mit den kompliziertesten Randbedingungen in so kurzer Zeit zu bewältigen. Aber da war der innere Schwung, in den uns die Vorstellung von einem Konzertsaal für Köln versetzt hatte, der uns Mut und Kraft und nicht zuletzt das Vertrauen gab, dass uns die richtigen Ideen schon einfallen würden. Es war wohl eine Art spielerischer Entschluss, der uns bewogen hat, diese außergewöhnliche Herausforderung anzunehmen.

Zuallererst entschieden wir, dass sich Peter ab sofort aus der Tagesarbeit des Büros verabschieden und sich in sein kleines Arbeitszimmer in seiner Wohnung am Rathenauplatz zurückziehen würde, in dem mit knapper Not zwei Arbeitsplätze unterzubringen waren.

Peter verwandelte dann einen Teil dieses Zimmers in ein kleines Stadtmodell im Maßstab 1 : 500, denn es war uns klar, dass im Denken und Darstellen der Entwurf nur dreidimensional zu bewältigen sein würde. Allerdings galt es zudem, von vornherein eine »vierte Dimension« zu berücksichtigen – nämlich die Tatsache, dass das Grundstück zwischen Dom und Rhein Brennpunkt vielfältiger geistiger und geschichtlicher Beziehungen Kölns ist. Dabei war es von Vorteil, dass Peter sich schon während seines Studiums in Karlsruhe mit der Gestalt der Stadt Köln in Raum und Zeit vertraut gemacht und später dann auf seinem Weg zur Arbeit diesen Ort jahrelang nahezu täglich wahrgenommen hatte.

Zentrum des improvisierten Stadtmodells musste natürlich der Dom sein. Ihn einigermaßen naturgetreu im Maßstab 1 : 500 darzustellen – dazu fehlte wirklich die Zeit. In dieser Situation gab der Freund Dr. Gundolf Precht, Archäologe und damals Mitarbeiter bei der Kölner Bodendenkmalpflege, den rettenden Hinweis, beim Restaurator des Römisch-Germanischen Museums nachzufragen, ob er einen solchen Dom in Gips habe. Tatsächlich erhielten wir leihweise den Gipsdom aus der Hand eines älteren, ganz offensichtlich unter Bluthochdruck leidenden kranken Mitarbeiters des Museums, indem er uns das heilige Versprechen abnahm, ihn sofort nach Gebrauch wohlbehalten zurückzubringen. Dieses Versprechen konnten wir ohne Weiteres geben, denn wir wussten ja, dass wir ihn sowieso nach zehn Tagen nicht mehr benötigen würden. Bis dahin musste unser Konzept ja gefunden sein! Um es vorwegzunehmen: Als wir nach dem Wettbewerb den Gipsdom wie versprochen zurückgeben wollten, fanden wir niemanden, der ihn haben wollte. Der freundliche Restaurator war in der Zwischenzeit gestorben. So konnten wir das Modell des Doms behalten. Es hat uns bei den vielen späteren Überlegungen gute Dienste geleistet, zuletzt noch 2010, als es darum ging, für die umstrittene Situation östlich des Domchors eine Lösung zu finden.

Um »unseren« Dom herum wurde dann sehr schnell mit einfacher weißer Finnpappe, die sehr leicht zu bearbeiten ist, die ganze Umgebung aufgebaut: der Roncalliplatz mit dem Domhotel, das Diözesangebäude und das Römisch-Germanische-Museum, weiter unten das Hotel Mondial entlang der Bischofsgartenstraße, dahinter das Brügelmannhaus, zum Rhein hin die Anmutung der nach dem Krieg wiederhergestellten Altstadtsilhouette, schließlich die historische Bahnhofshalle und die Hohenzollernbrücke. Die für den Entwurf zwingend vorgegebene Verkehrssituation am Rheinufer durfte dabei nicht fehlen. Sie wurde in ihrer Penetranz durch Aluminium-Küchenfolie dargestellt, nämlich als siebzig Meter lange, fünfspurige Ausfahrtsrampe des geplanten Rheinufertunnels. Sie sollte den Autoverkehr ausgerechnet im wertvollsten Bereich des Rheingartens vor der Altstadtsilhouette aus dem geplanten Rheinufertunnel heraus als Rampe auf das Niveau der Rheinuferpromenade befördern. Wer sich eine siebzig Meter lange, fünfspurige Straßenrampe vorstellt, kann ermessen, welche Unwirtlichkeit sie zusammen mit dem ebenerdigen Verkehr verursacht hätte.

Bereits damals war uns die eklatante Widersprüchlichkeit einer solchen Planung klar. Denn ein Rheinufertunnel war doch nur dann sinnvoll, wenn der wertvollste Freibereich des Rheingartens am Ufer von Autoverkehr frei bliebe. Dennoch mussten wir die Vorgabe in diesem Stadium akzeptieren. Später erfuhren wir den Hintergrund. Anfang der 1970er-Jahre hatte der Autoverkehr immer noch oberste Priorität in der Stadtplanung von Köln. Durch die geplante Tieferlegung der Rheinuferstraße in einen Tunnel entfielen mehrere wichtige Erschließungen der Altstadt vom Rheinufer aus. Die Verkehrsplaner der Stadt

Köln verlangten daher, dass die neu geplante Haupterschließung der Altstadt über die Bischofsgartenstraße erfolgen müsse. Dadurch wäre sie zur Durchgangsstraße geworden.

Durch diese Entscheidung war in den Wettbewerbsvorgaben das gesamte Grundstück, welches für die Planungsaufgabe zur Verfügung stand, praktisch zu einer riesigen Verkehrsinsel degradiert, deren fußläufige Integration in den Stadtorganismus und zum Dom nur mit Fußgängerbrücken erfolgen konnte! Denn die Straße am Domhof verbindet ja als Haupterschließung bis heute Bahnhof und Altstadt miteinander. Dabei war durch diese Vorgabe der Stadtplaner eine Fußgängerbrücke nicht nur nötig, um das geplante Museum vom Roncalliplatz aus zu erschließen, sondern auch, um die Fußgänger vom geplanten Museum an das Rheinufer gelangen zu lassen, weil an dieser Stelle der Autoverkehr bereits wieder vor der Hohenzollernbrücke auftauchen sollte. Darum konnte der Autoverkehr hier nur durch ein mindestens sechs Meter hohes Brückenbauwerk direkt am Rheinufer überbrückt werden!

Schon zu diesem Zeitpunkt fiel uns das Groteske der Situation auf. Durch diese Planung im Herzen der Stadt direkt am Dom würde ja die Idee des Rheinufertunnels ad absurdum geführt, der auf einen Vorschlag von Konrad Adenauer zurückging. Der Grundgedanke dieses Tunnels war doch gewesen, den Bürgern der Stadt die Verbindung von Dom, Altstadt und Rhein auf der Stadtebene wiederzugeben!

Als nächstes bauten wir maßstabsgetreu in einfachster Form die Bögen der Hohenzollernbrücke mit dem Brückenkopf zwischen Rhein und Kölner Hauptbahnhof und zum Schluss natürlich die große Bahnhofshalle. Damit waren nun alle wichtigen Elemente, die für die Entwurfsfindung eine Rolle spielten, im Modell aufgebaut.

Beim Betrachten des so entstandenen, den Arbeitsraum beherrschenden Modells der Umgebung erkannten wir erstaunt, dass der Kapellenkranz des Doms am Domchor, der Zenit der Hohenzollernbrücke und der Zenit der Bahnhofshalle die gleiche Höhe haben, nämlich exakt 76 Meter über Normalnull. An Ort und Stelle war uns das noch nie aufgefallen. Nur am Modell zeigte es sich ganz deutlich und fast auf den ersten Blick. Diese Erkenntnis bereitete in unserem Denken die Möglichkeit vor, diese Höhe auch für den Zenit des zu planenden Museums zu übernehmen, damit es gemäß seiner Bedeutung im städtebaulichen Kontext mit der Bahnhofshalle und der Hohenzollernbrücke einen städtebaulichen Dreiklang bilden würde. Dies stand jedoch im Gegensatz zur Wettbewerbsausschreibung, die als obere bauliche Grenze die Höhe des Römisch-Germanischen Museums empfohlen hatte, während der von uns ins Auge gefasste Zenit die vorgegebene Höhenbeschränkung um ein hohes Geschoss überragt hat.

Eine weitere Analyse des Grundstücks, bezogen auf die Forderungen des Programms – mit insgesamt etwa 20.000 m² Nutzfläche, einem eigenen Gebäude für die Restaurierungswerkstätten, Eingangshalle und Restaurant, einem Mehrzwecksaal für 2000 Personen, Vortragssaal, Bibliothek etc. und natürlich den Technikräumen – zeigte uns sehr bald: Falls wir die vorgegebene Höhe einhalten würden, musste dies zwangsläufig zur totalen Überbauung des Grundstücks führen. (Diese Annahme wurde übrigens später durch die Entwürfe der konkurrierenden Architekten beim Wettbewerb eindeutig bestätigt.) Hierdurch fühlten wir uns ermutigt, die wenngleich unerwünschte, so doch keineswegs verbotene Überschreitung der Höhe des Museums als möglichen Gestaltungsspielraum im Hinterkopf zu behalten.

5 Die Geburt einer Idee

Wenn wir gebeten werden, Museum und Philharmonie aus ihrer Entstehungsgeschichte heraus zu erläutern, führen wir Besucher gern an die Stelle auf der Rheinuferpromenade, in der Achse des Treppenaufgangs zum Heinrich-Böll-Platz neben der Hohenzollernbrücke, wo wir bei unserer Ortsbegehung unsere entscheidende Idee hatten. Sie ergab sich fast von allein aus unserer selbstgestellten Aufgabe: den freien Blick auf das großartige Bauwerk des Kölner Doms von diesem Ort aus zu erhalten. An diese vom Krieg freigebombte Sicht hatten sich die Kölner in den dreißig Jahren seither längst gewöhnt. So erschien sie uns als wenngleich neue, so doch schon wieder Geschichte gewordene Realität des Ortes, die es zu respektieren galt.

Natürlich ließe sich bei einer Bebauung des Busbahnhofs die Sicht auf den Dom nicht in der vollen Breite, sondern nur mit einem entscheidenden Ausschnitt erhalten; der

Blick auf den Domchor und die Türme würde jedoch ungestört bewahrt werden. In unserer Vorstellung sollte der Blick auf den Dom oberhalb des Kapellenkranzes ohne Beeinträchtigung möglich sein; nämlich genau so, wie die Kathedrale im Mittelalter den Bürgern erschien und wie auch der Generaldirektor der Kölner Museen Hugo Borger – unser späterer Bauherr – uns gegenüber formulierte: als »mystische Dornenkrone« oberhalb der profanen Stadt. Es ist sehr bemerkenswert, dass außer am Westwerk und den Nord- und Südportalen Mauerwerk und Strebepfeiler bis in die Höhe des Kapellenkranzes sehr einfach, das heißt schmucklos gehalten sind.

Wir standen dort unten und zogen mit unseren Händen eine Linie durch die Luft, in Verlängerung der Altstadtbebauung bzw. der Höhe des Hotels bis hin zum Bahnkörper – und stellten fest, dass eine solche Bebauung bis in diese Höhe vom Dom nur noch zwei Turmspitzen sichtbar ließe, ganz so wie die Kölner Messe auf einem Plakat geworben hatte. Das wollten wir unbedingt vermeiden und zogen nun in einer einfachen Gebärde eine zweite, diesmal nicht gerade, sondern geschwungene Linie durch die Luft, wie eine große Welle, in deren Tal der gesamte Dom sichtbar bleiben würde. Wir schauten uns an und waren uns einig: Das ist es! Das ist die Idee! Da gab es kein langes Reden und Diskutieren mehr.

Natürlich war es zunächst nur eine in den Himmel gezeichnete Gebärde. Aber die hatte es in sich! Mit fast zwingender Logik ergaben sich aus ihr entscheidende weitere Ideen, man könnte auch sagen: die Bedingungen, unter denen die Gestalt des Entwurfs weiterzuentwickeln war.

Um nämlich die Perspektive auf den Dom in dieser Weise zu erhalten war es zwingend erforderlich, die Mitte des Ganzen leer zu lassen, in der Grundrissprojektion als ein Platz in der Höhe des Domfußbodens, identisch mit dem Roncalliplatz und der von Friedrich Schaller gerade fertiggestellten Domplatte. Selbstverständlich war zum Dom hin eine offene Gasse erforderlich, zum einen für die so wichtige, ebene Fußgängerverbindung von der Domumgebung zur Hohenzollernbrücke, zum andern, um aus einer solchen Gasse heraus den Dom in seiner vollen Höhe erleben zu können. Dabei waren die Aufbauten links und rechts der Gasse so niedrig zu wählen, dass sie den Dom einrahmten, ganz so wie bei einer Brosche kostbare Steine in Metall gefasst werden.

An dieser Stelle unseres Gedankenaustauschs dort unten am Rheinufer wurde uns klar, dass eine solche Konzeption nur realisierbar wäre, wenn wir angesichts des großen Raumprogramms die Baumasse des Museums in Richtung Hotel und Altstadt deutlich höher entwickelten. Ab diesem Punkt konnten wir der Empfehlung des Auslobers nicht mehr folgen, den Zenit des Römisch-Germanischen Museums als Höhenlimit zu übernehmen. Wollten wir unserer Idee jedoch treu bleiben, dann mussten wir diese Abweichung von den Vorgaben riskieren, selbst auf die Gefahr hin, gleich beim ersten Rundgang des Preisgerichts ›rauszufliegen‹, wie es so schön heißt.

Wieder zurück im kleinen Arbeitszimmer vor unserem improvisierten Stadtmodell mit dem Gipsdom in der Mitte, griffen wir diesmal nicht zu Papier und Bleistift, sondern zu Pappe und Schere und modellierten in fieberhaftem Eifer, was wir unten am Rhein herausgefunden hatten. Durch ein Auskragen in den Obergeschossen entlang der Bischofsgartenstraße in die Straße hinein gewannen wir zusätzlichen Raum; gleichzeitig planten wir das Gebäude dort ein Geschoss höher als gewünscht. Leider hat sich dieses Modell aus finnischer Holzpappe nicht erhalten, es ist im Schwung unserer weiteren Arbeit untergegangen. Doch selbst wenn wir es heutigen Betrachtern vorführen könnten, würde es ihnen vermutlich nicht vermitteln, was uns diese Ansammlung von Pappestücken damals bedeutete: Die Idee war geboren. Im Wellental der zurückschwingenden Dachlandschaft im improvisierten Modell blieb tatsächlich der freie Blick auf den Dom erhalten. Fußgänger, die sich auf der Rheinuferpromenade und von dort auf den Dom zu bewegten, würden ihn ununterbrochen in seiner Gesamterscheinung im Blick behalten können! Ferner erkannten wir am Modell: Die Idee der zurückschwingenden Dachlandschaft und der dadurch gelingenden Einfassung des Domes ist erst durch das erhebliche Überschreiten der gemäß Auslobung gewünschten Höhe am Rand der Bebauung zur Altstadt hin besonders wirkungsvoll. Erst durch das Überschreiten der Vorgabe an dieser Stelle würde in der Silhouette der Bebauung die Welle in den Dachgeschossen deutlich erkennbar und von der Fußgängerebene aus der Eindruck vermittelt, als wäre diese Welle nur da, um den Blick auf den Dom zu lenken.

6 Das Überschreiten von Grenzen

Doch damit nicht genug. Wir überschlugen in Skizzen den durch Auskragen und Überhöhen gewonnenen Raum. Er reichte noch nicht aus, um die erwünschte Museumsfläche mit entsprechenden Raumhöhen unterzubringen. Da erinnerten wir uns an die anfangs im Gespräch mit den BAUTURM-Partnern formulierte Vorstellung eines »Museumskontinuums«. Beherzt griffen wir wieder zur Pappe und verlängerten den Baukörper fingerartig über die Straße am Domhof hinweg bis zum Römisch-Germanischen Museum, und zwar höhengleich mit ihm, um damit auch räumlich eine unmittelbare bauliche Nachbarschaft zum Domchor herzustellen. Hierbei ließ unsere Fantasie durchaus zu, uns eine direkte räumliche Verbindung beider Museen im Inneren vorzustellen, ähnlich wie es in anderen großen Museen der Welt Rundgänge gibt, die aus den unterschiedlichen Bereichen der Museumslandschaft die jeweiligen »Highlights« zeigen. (Der Masterplan für die Museumsinsel in Berlin beinhaltet exakt eine solche Zielvorgabe, insbesondere natürlich für Besucher auf der Durchreise, die keine Zeit haben, in Ruhe alles zu studieren).

Aber noch befassten wir uns nicht mit dem eigentlichen Museumsentwurf, sondern konzentrierten uns auf die städtebauliche Einbindung des notwendigen Raumvolumens für die geforderten Nutzflächen, um das Grundstück durch einen Platz in der Mitte von oberirdischer Bebauung freizuhalten. Gleichwohl läuft bei einem solchen spannenden Entwurfsprozess im Grunde im Kopf manches parallel und auf eine kaum erklärbare Weise gleichzeitig. Wir waren nun froh, dass Peter den Gipsdom organisiert hatte, denn es wurde im Laufe der Arbeit immer deutlicher, dass der Dom die eigentliche Herausforderung war. Was auch immer wir als Gliederung der Baumasse und deren Heranrücken an den Dom herausfänden, konnte nur im architektonischen Geist des Domes funktionieren. So begriffen wir die Größe des Raumprogramms und damit auch die zu erwartenden monumentalen Dimensionen als einzigartige Chance, gegenüber der ungeheuren vertikal aufgetürmten, jedoch stark gegliederten Baumasse der Kathedrale ein stark gegliedertes horizontales Gegengewicht zu schaffen.

In der Ausarbeitung zeigte sich immer deutlicher, dass es mit diesem horizontalen baulichen Gegengewicht gelingen konnte, zusammen mit der riesigen Bahnhofshalle und der Hohenzollernbrücke die städtebauliche Situation zwischen Dom und Rhein ins Gleichgewicht zu bringen. Wir erinnerten uns: Der Zenit von Bahnhofshalle und Hohenzollernbrücke entspricht genau der Höhe vom Kapellenkranz des Doms, und diese Höhe blieb für uns bei der Wettbewerbskonzeption, aber auch bei der späteren Durcharbeitung des Projektes die absolute Obergrenze – wohlgemerkt nur für den vom Dom am weitesten entfernten Bereich –, und ihre Überschreitung wäre einem Tabubruch gleichgekommen.

Wenn es ein Wort gibt, das in unseren Reden und Kommentaren während der Entwurfsarbeit am häufigsten wiederkehrte, dann war es das Wort *großzügig*. So manche Einfälle bei der nun folgenden rasanten Bearbeitung im Modell und in Zeichnungen wurden schnell verworfen, weil sie nicht großzügig genug waren. Großzügig stellten wir uns die Fortsetzung der »Domplatte« über die trennende Verkehrsstraße Am Domhof hinweg vor. Großzügig sollte auch die leere Mitte sein, der heutige Heinrich-Böll-Platz, worunter sich sinnvollerweise der als Konzertsaal gedachte Mehrzwecksaal im vorgeschobenen sogenannten Domhügel verstecken ließe. Bereits damals wurde uns klar: Ein so großer Saal kann konstruktiv nur mit größten Schwierigkeiten von Museumsräumen mit hohen Bodenlasten für Skulpturen überbaut werden. Die leere Mitte hat daher nicht nur eine ästhetisch gestalterische Bedeutung, sondern durchaus auch funktionelle und baukonstruktive Vorteile.

Die aus unserer Sicht kapitale Fehlentscheidung der Stadtplanung, mit dem Bau der Rampe des Rheinufertunnels den Sinn des ganzen Unternehmens wieder kaputt zu machen, indem de facto Dom und Altstadtbereich vom Rheinufer durch den Autoverkehr abgeschnitten wurden, hatten wir im Rahmen der Wettbewerbsbedingungen noch durch unschöne Überbrückungen zu berücksichtigen. Da wir die verkehrsplanerischen Vorgaben akzeptieren mussten und auch die Anonymität des Wettbewerbsverfahrens jede Argumentation ausschloss, entwarfen wir eine Art bauliche Fantasielandschaft, die nicht annähernd architektonisch formal gedacht war, sondern eben nur die Idee der absolut zwingend erforderlichen stadträumlichen und »stadtlandschaftlichen« Verbindung vom Dombereich zum Rhein veranschaulichen sollte. Vom Preisgericht wurde dies, Gott sei Dank, als Konsequenz aus der Idee und nicht als architektonisch formaler Vorschlag erkannt. (Viele Kritiker und Kollegen sahen das anders. So begegnete uns beispielsweise bei den Dortmunder Architekturtagen 1977 der bösartige Vergleich mit einem Schutthaufen, den wir vor dem Dom abgeladen hätten.)

Wir provozierten allerdings mit der großzügigen Erweiterung der Domplatte über die Außenflächen des Museums und des Konzertsaals hinweg, dass diese zum Glück noch nicht realisierte Vorgabe der fünfspurigen Rampe aus dem Rheinufertunnel, im sensiblen Bereich direkt vor der Altstadt, während der späteren Planung wieder infrage gestellt wurde. So konnte dieser wichtige zentrale Bereich der Stadt Köln nach unseren Vorstellungen realisiert werden. Er kommt inzwischen unzähligen Kölner Bürgern und Besuchern der Stadt zugute, die vom Dombereich zum Rhein strömen, und wird sicher von diesen vielen Menschen als notwendige, ganz natürliche Wegeverbindung empfunden. Es ist der alte, in vielen Bildern dargestellte Pilger- und Königsweg vom Rhein in die Stadt im Angesicht des hohen Doms. Friedrich Schinkel hatte diesen Teil des Rheinuferbereichs, der in römischer Zeit ein Hafen gewesen war, mit stadtseitig angrenzender Mauerbefestigung als einen schönen, vom Dom zum Rhein sanft abfallenden Garten gezeichnet. Bekanntlich wurde dieser Gedanke nie realisiert. Vielmehr entstanden dort triviale und hässliche Bauten, denen die kleine Kirche St. Maria ad Gradus weichen musste.

Im Krieg fiel dann dies alles, glücklicherweise mit Ausnahme des Domchors, den Bomben zum Opfer. Uns war bei der Bearbeitung des Wettbewerbs klar, dass auch diese Zone so großzügig wie möglich zu gestalten war.

In der Woche, die uns noch bis zur Abgabe verblieb, wurden wir immer sicherer, mit unseren Ideen auf einem richtigen Weg zu sein, ohne uns dabei viel über einen möglichen Erfolg oder Misserfolg Gedanken zu machen. Auch ökonomisch fühlten wir uns nicht belastet, da wir ja nur eine gute Woche Zeit für die Arbeit hatten. Mit anderen Worten: Wir fühlten uns frei.

Die städtebauliche Idee war nun vor allem durch die Arbeit am Modell gefunden, jetzt ging es um die innere Organisation. Damit standen wir vor der Frage, die unsere Lehrer uns häufig gestellt hatten und die auf die Struktur und Konstruktion des Ganzen zielt: »Wie wird das gebaut?« Da sich dieses Thema bei jedem Wettbewerb und bei allen Entwürfen immer wieder stellt, konnten wir auch in diesem Fall auf die langjährige gemeinsame Erfahrung, auf viele interne Diskussionen und Ergebnisse zurückgreifen, ohne von Grund auf neu an diese Aufgabe herangehen zu müssen.

In unserer bisherigen Zusammenarbeit hatte sich herausgestellt: Wir haben beide ein Faible für flexible japanische Hausgrundrisse, die alle aus einem Vielfachen des Grundmaßes der Reisstrohmatte Tatami gebildet werden. Damals kannte Peter dies bereits von mehreren Besuchen in Japan, Godfrid durch seinen Vater, der in japanische Häuser und Gärten verliebt gewesen war. Die Reisstrohmatte entspricht den Flächenabmessungen eines durchschnittlichen Menschen, der liegend etwa 90 Zentimeter in der Breite und 180 Zentimeter in der Länge beansprucht. Dieses Grundmaß von 1,80 × 0,90 m und alle durch dieses Maß teilbaren weiteren Maße entsprechen viel eher dem menschlichen Empfinden als ein abstraktes Flächenmaß wie der Quadratmeter.

In mehreren Entwürfen wurde uns klar, dass sich mit diesen beiden Grundmaßen sehr verschiedene Objekte konstruieren ließen. Für Bauten mit Tiefgarage hatte sich das konstruktive Raster 8,10 m (9 × 0,90 m) im Quadrat bewährt, das auch jetzt für die geforderte Tiefgarage unter dem Gebäude anzuwenden war. Für den Bereich des Museums war jedoch vielmehr die ideale Größe eines Museumsraumes maßgebend, die sich konstruktiv gerade noch wirtschaftlich verwirklichen ließ. Bezogen auf gut proportionierte Museumsräume mit einer Höhe von etwa fünf Metern ist ein quadratischer Raum von rund acht Metern Seitenlänge eindeutig zu klein. Dies führte uns sehr schnell zur Grundeinheit von 10,80 × 10,80 m (jeweils 6 × 1,80 m bzw. 12 × 0,90 m), aus der räumlich angemessen unterschiedlich große Museumsräume gebildet werden konnten.

Schon bei anderen Entwürfen für große und komplexe Anlagen hatten wir dieses Konstruktionsmaß als in jeder Hinsicht brauchbares und außerdem wirtschaftliches Maß für die Erstellung von tragenden Stützen angewandt. So zeichnete Peter auf einem Bogen Transparentpapier ein Quadratraster mit dem Grundmaß von 10,80 m im Maßstab 1 : 500. Als er dieses transparente Blatt auf den vorgegebenen Lageplan legte, trauten wir unseren Augen nicht: Alle wesentlichen Begrenzungen unserer angestrebten Gebäudekontur – sowohl am Bahnkörper als auch an der angrenzenden Straße Am Domhof, an der Bischofsgartenstraße und am Übergang zur Rheinuferstraße – konnten mit den Schnittpunkten dieses Rasters konstruktiv erfasst werden! Ein geradezu unglaublicher Zufall, den wir als wunderbare Fügung, jedoch zugleich als Bestätigung unseres Konzeptes ansehen – und der natürlich unsere weitere Arbeit beflügelte. Im Rahmen dieser Grundstruktur entwickelte sich nun alles Weitere fast spielerisch und in großer Geschwindigkeit, buchstäblich bei Tag und Nacht.

In der Tat waren wir dem Dom mit unserem Konzept sehr nah auf den Leib gerückt, und zwar nach der »perspektivischen Logik«: Je näher die Aufbauten des Museums in der Domachse vom Rhein her gesehen an den Dom heranrückten, desto weniger konnten sie die Sicht auf den Chor verstellen.

Aber auch noch aus einem anderen, mindestens ebenso wichtigen Grund hatten wir keine Angst vor der Nähe zum Dom. Aus historischen Gründen sahen wir nämlich den Wunsch nach einer »Freistellung« des Doms kritisch, entsprach er doch nur dem preußisch-nationalen Verständnis des Doms als Nationaldenkmal. Dabei waren im Mittelalter gotische Kathedralen in der Regel fest in das urbane Gefüge mit Häusern, größeren und kleinen Plätzen integriert. Bezeichnend dafür sind der bereits erwähnte, bis auf Eingänge und Chorkapellen einfach gehaltene Sockelbereich des Gotteshauses und die über diesem »profanen« Bereich alles überragenden Strukturen der Obergaden, Strebepfeiler und Türme, deren Wirkung durch den Gegensatz noch gesteigert wird.

Wie wir später bei vielen Gesprächen und Ortsbegehungen mit dem Dombaumeister Professor Arnold Wolff feststellen konnten, vertrat er die gleiche Auffassung. Wolff stärkte uns so den Rücken in der Öffentlichkeit, auch gegenüber der teils beißenden Kritik unserer Architekten-Kollegen, die am liebsten gesehen hätten, wenn in unmittelbarer Nähe des Doms nichts gebaut worden wäre, oder wenn wir zumindest einen tiefen Graben zwischen Domchor und Neubau in Kauf genommen hätten. Letzteres hat immer wieder der Vorstand der Bezirksgruppe Köln des Bundes Deutscher Architekten (BDA) heftig vertreten. Sein Vorsitzender wollte den Domhügel wieder »herauspräparieren«, wie er es nannte, und war nicht bereit nachzuvollziehen, dass er inzwischen nach Osten vorgeschoben zur Geltung kam. Dabei schlug er vor, einen Teil unseres Domchorplatzes abzureißen, um dies zu erreichen! Mit dieser Haltung ist 1995 unser Vorentwurf für eine den Domchor umarmende Randbebauung des Domchorplatzes für das aus dem gebauten Museum ausziehende Wallraf-Richartz-Museum zwischen Domchor und Bahn-

 Gescheiterter Versuch, das Gesamterlebnis von alter und neuer Kunst zu erhalten

körper zu Fall gebracht worden. Das Konzept war unsere Antwort auf den durch die große Picasso-Schenkung des Ehepaars Ludwig ausgelösten Umzug des Wallraf-Richartz-Museums: Wir waren uns mit vielen Kölnern darin einig, dass das Erlebnis von alter und neuer Kunst in *einem* Haus eine besondere Qualität darstellt und daher erhalten bleiben müsste. Das ist leider nicht gelungen.

7 Das Licht

Nachdem die Grundstruktur gefunden war, beschäftigte uns das für ein Museum so wichtige Element, das Licht, und damit der Aufriss des Gebäudes. Um es überspitzt auszudrücken: »Licht ist das wichtigste ›Baumaterial‹ des Architekten.« Das gilt ganz besonders für Museumsräume, die von Tageslicht ausgeleuchtet werden.

In der Auslobung wünschte man sich 70 Prozent der Ausstellungen mit Kunstlicht und nur 30 Prozent mit Tageslicht. Wir schlossen daraus, dass man sich bei den beengten Grundstücksverhältnissen nicht hatte vorstellen können, die Mehrzahl der Museumsräume durch Tageslicht zu beleuchten. Daher beschlossen wir, dieses Verhältnis genau umzudrehen. Schließlich wussten wir, dass bei sorgfältiger Planung und Dosierung, natürlich auch bei verantwortungsvollem Betrieb eines Museums, Tageslicht mit Abstand die beste Option für die Wahrnehmung von Kunstwerken ist. Dabei kam uns zugute, dass die lange Seite des Grundstücks exakt nach Norden ausgerichtet war, entsprechend der ebenfalls exakt nach Osten ausgerichteten Domachse. Dieser willkommene Umstand macht es möglich, das Tageslicht über ein nach Norden ausgerichtetes Oberlicht einfallen zu lassen, ohne dass das Sonnenlicht mit seinen schädlichen UV-Strahlen in die Museumsräume eindringt. Oberlichter dieser Art werden »Sheds« genannt. Sie wurden im 19. Jahrhundert in England für die großflächige Tageslichtversorgung von Textilfabrikhallen erfunden. Wir hatten die hervorragende Qualität dieses Tageslichts, das durch gen Norden ausgerichtete Oberlichter in den Raum fällt, bei Besuchen in Pariser Malerateliers auch persönlich kennengelernt.

Dieses wichtige Detail zeichneten wir zunächst als Raumprofil in einem großen Maßstab auf. Peter sieht es noch heute vor sich, wie Godfrid mit seinem geliebten Zirkel – irgendwann wollte ihm jemand einen goldenen Zirkel schenken! – die jetzt für das Museum so typische Oberlichtform aufs Papier »drehte«: ein leicht angeschnittener Viertelkreis mit dem 55 Grad schrägen Oberlicht. Die Schräge war uns wichtig, um einen möglichst großen Anteil an Zenitlicht aufzufangen. (Wenn solche Oberlichter eine senkrechte Verglasung erhalten, wirken sie wie »Keller-Oberlichter«, so zu sehen beispielsweise im Bauhausarchiv in Berlin.) Als wir dann den Aufriss mit dem dahinter aufragenden Dom zeichneten, stellten wir beglückt die Analogie dieser Form zu den Formen der gotischen Fenster und Strebepfeiler fest. Wieder eine innere Bestätigung, die uns sagte: Was wir da entwerfen, ist stimmig, weil es auf den Dom bezogen ist und nur an diesem Ort so aussehen kann wie von uns gedacht.

8 Der ausgereifte Wettbewerbsentwurf

Nachdem uns die Kontur der Randbebauung des Grundstücks mit der Überbauung der Straße Am Domhof als städtebauliche Gestalt des Ganzen im Arbeitsmodell überzeugte, teilten wir die weitere Durcharbeitung des Wettbewerbsentwurfs unter uns auf. Peter entwickelte die Grundrisse, Godfrid den Aufriss mit den Schnitten und Ansichten. Um ein harmonisches Zurückschwingen der Dachlandschaft im fallenden Rhythmus der Tageslicht-Sheds zu erreichen war es nötig, die üblichen Geschosssprünge in der Ansicht zu überspielen, sobald an einer Stelle ein Geschoss wegfiel. Dies gelang durch das Spiel von unterschiedlich hohen Museumsräumen im Inneren, sodass in der Silhouette der Dachlandschaft keine Sprünge durch ein wegfallendes Geschoss zu erkennen sind. Nur so ließ sich die Sicht vom Rhein auf den Dom durch die gewünschte Kurvenlinie einrahmen. Die Ansichten im Konzept zeigten deutlich, dass durch das Höherwerden der Baumasse um ein Museumsgeschoss im Anschluss an die Altstadt die zurückschwingende Kurvenlinie der Dachlandschaft viel prägnanter wirkte und daher angesichts der Stadtsilhouette den Blick verstärkt auf den Dom lenkte. Dies offenbarte sich uns anhand der Zeichnungen nochmals so deutlich, dass wir uns gegenseitig darin bestärkten, das Überschreiten der erwünschten Höhe wirklich zu wagen, obwohl wir uns des hohen Risikos durchaus bewusst waren.

»So wie jedes gute Gebäude Merkmale einer gut funktionierenden Stadt hat, ist auch jede lebendige Stadt einem guten funktionierenden Gebäude vergleichbar.« Diese Einsicht hat uns beim Verteilen und Strukturieren der Ausstellungsflächen begleitet, denn sie gilt vielleicht in besonderem Maße für ein großes Museum. Wir entwickelten hiernach die innere Organisation und die Grundrisse – immer als »Anwälte« der Museumsbesucher. Sie sollten einerseits neugierig gemacht werden und sich angeregt fühlen, andererseits aber auch frei wählen können, was sie sich beim Gang durch das Museum genauer anschauen wollen. Ein häufig als »Einbahnstraße« aufgenötigter Rundgang, auf dem sie alles in vorgegebener Reihenfolge anzusehen hatten, empfanden und empfinden wir als eine Zumutung. Bei einer solchen »Zwangsführung«, wie sie beispielsweise in den alten Raumfolgen von Schlössern und bei den ihnen nachgebildeten Museen zu beobachten ist, muss der Besucher viele Räume durchschreiten, auch wenn er nur ganz bestimmte ausgestellte Werke eingehend betrachten will. Dies bringt für alle viel Unruhe in die Räume und kann für den Einzelnen sehr erschöpfend sein. Daher orientierten wir uns schon beim Wettbewerb und später intensiver bei der Planung an dem von Henry van de Velde gebauten Kroeller-Möller-Museum in Otterlo. Wir empfanden das Museum im holländischen Nationalpark bei unseren wiederholten Besuchen als sympathisch und vorbildlich, weil wir uns dank seiner klug strukturierten Wegehierarchie mit ihren Haupt- und Nebenwegen sehr frei fühlten bei der Auswahl der Bilder, die wir uns genauer anschauen wollten. (Später stellen wir fest, dass sogar ein Bild von Paul Klee im Museum so heißt: *Hauptweg und Nebenwege*.)

Ohne Zuhilfenahme von Hinweisschildern sollte sich der Besucher jederzeit und an jeder Stelle orientieren können, ohne die Übersicht zu verlieren, und zwar trotz größtmöglicher Wahlfreiheit bei der inneren Raum- und Wegeorganisation. Dies würde ihm einerseits eine überall spürbare, durch alle Geschosse gehende »Mitte« ermöglichen; und andererseits möglichst viele belebende Ausblicke in die Stadt: auf den Dom, auf den

Rhein, auf die Bahnanlagen – und vor allem auf die äußere leere Mitte, den Platz, dem wir in unseren Wettbewerbsplänen den Namen TANZFORUM gaben.

Das Tanzforum ist damals wie heute ein fester Begriff im Kölner Kulturleben, aber immer noch irgendwie heimatlos. Und obwohl es mit dem offiziellen Raumprogramm des Wettbewerbs nichts zu tun hatte, schien es uns doch ein schöner Sammelbegriff zu sein für das, was mit dem großen Kulturprojekt im Herzen der Stadt und gleichzeitig inmitten des Museums geschehen könnte – passend zu der Musik, die im Saal unter dem Platz erklingen würde, um unsere Vision zu verwirklichen, Musik und bildende Kunst unter einem Dach erlebbar zu machen. Denn: In allen Kulturen sind die Grenzen zwischen Musik, Tanz, bildender und darstellender Kunst immer fließend gewesen. Die künstlerischen Grenzüberschreitungen waren und sind der Ursprung von Innovationen.

Auch für uns ist es interessant, unsere damalige Zielsetzung mit dem später Gebauten zu vergleichen. Darum zitieren wir hier einmal etwas ausführlicher aus unserem damaligen »Erläuterungsbericht« zu unserem Wettbewerbsbeitrag. (Ein solcher Bericht gehört zu jeder Bewerbung und soll die mit dem Wettbewerbsentwurf verbundenen Ideen zusammenfassen.)

Unsere Texte zum Städtebau und zum Museum aus dem Erläuterungsbericht lauten vollständig wie folgt:

Städtebau

Folgende Gesichtspunkte waren für die Konzeption ausschlaggebend:

- Sicht vom Rhein zum Dom.
- Museumskontinuum: Verknüpfung der an dieser Stelle der Stadt zusammentreffenden kulturellen Funktionen.
- Der öffentliche Grün- und Freizeitraum wird vom Rhein her unmittelbar an die Domumgebung herangeführt.
- Schaffung von gegliederten Erlebnisräumen am Domchor durch Überbrückung und

teilweise Überbauung der Bechergasse. Dadurch wird der Neubau auch vom Alter Markt erlebbar, ebenso vom Bahnhofsvorplatz durch das Einfügen eines so genannten »Galeriehauses«.

- Niveaugleicher Anschluss der Fußgängerverbindung von Deutz an das Museum.
- Verflechtung des Museumsbereichs mit dem Breslauer Platz auf zwei Ebenen (1. »Ladenpassagen«, 2. Bahnhofssteg mit Zugängen zu den Bahnsteigen aus einer oberen Ebene).

Museum

- Eindeutige Orientierung durch zentrale Erschließung bei gleichzeitiger Differenzierung der in verschiedenen Ebenen angeschlossenen Ausstellungsbereiche, die jeweils unterschiedlichen Charakter haben.
- Einbeziehung der Architektur des Doms in den Innenraum des Museums.
- Die Erschließung gibt dem von der Domplatte kommenden Besucher den Vorrang vor dem motorisierten Besucher. Die Vorfahrt wurde so konzipiert, dass der Besucher nicht aus der unfreundlichen Atmosphäre eines Parkhauses, sondern über den Forumsbereich zum Eingang gelangt. Dieser ist auch funktionell schon als Museumsaußenraum zu sehen.
- Die geforderten Zonen für Oberlicht, Seitenlicht und Kunstlicht sind über die Ausstellungsebenen verteilt. Die teilweise Seitenlichtanordnung nach Süden ist durch die starke Beschattung der Auskragung des jeweils darüber liegenden Geschosses möglich.
- Die Erschließung des Mehrzwecksaals schafft den direkten Bezug zu dem unteren Straßen-Niveau und damit der Fußgängerzone des Alter Marktes.
- Das Museum hat einerseits ruhige Bereiche, andererseits öffnet es sich nach außen der Öffentlichkeit. Ein bedeutender Teil der Ausstellung ist von außen erlebbar, auch für den Fußgänger, der das Museum nicht betritt.
- Der Bereich Pädagogik mit Vortragssaal ist sowohl von der Eingangshalle als auch direkt von außen zugängig.

Schon bald nach der Einweihung waren wir erleichtert zu erleben, wie die jahrelange kritische Einstellung zu dem großen Projekt vor dem Dom einer seitdem sich mit ständig zunehmender Tendenz in Akzeptanz, ja sehr oft in emotional geäußerte Zustimmung verwandelt hat. Die Stimmung in der Bevölkerung kippte um, weil die Menschen den erlebbaren städtebaulichen Zusammenhang als »Neues Herz von Köln« empfanden und dies nach der Kriegszerstörung als Geschenk erlebten.

Zur Wettbewerbsaufgabe gehörte auch eine gestalterische Aussage zum Breslauer Platz, dem Nordbereich des Hauptbahnhofes. In letzter Minute entwarfen wir noch für diesen Bereich eine strukturelle Bebauung. Dabei schlugen wir die so wichtigen Fußgängerverbindungen durch den Bahndamm hindurch vor, um die Barriere des Bahnkörpers zu durchbrechen und den südlichen mit dem nördlichen Bereich städtebaulich stärker zu verbinden.

9 Abgabe in letzter Sekunde

Bereits nach drei Tagen waren das Arbeitsmodell und die Skizzen so weit gediehen, dass wir uns an die Entwicklung der Grund- und Aufrisse des Entwurfes machen konnten, im Maßstab 1:500, also auf relativ kleinen, überschaubaren Transparentblättern. Diese würden wir zum Schluss fotografisch auf den vorgeschriebenen Maßstab 1:200 vergrößern, wie wir es schon oft praktiziert hatten.

Zwar war die verbleibende Zeit bis zur Abgabe am 17. Oktober 1975 denkbar knapp, aber unsere Grundstimmung war dennoch euphorisch. Die Grundrisspläne, die Peter mit Bleistift zeichnete, waren durch die ständigen Überarbeitungen im wahrsten Sinne des Wortes zu »Radierungen« geworden und nur für uns Eingeweihte lesbar. Normalerweise übernahm Peter die Reinzeichnungen der wichtigsten Pläne bei Wettbewerben immer selbst. Doch diesmal war das bei der Vielzahl der Pläne und angesichts der knappen Frist von nur noch zwei Tagen bis zur Abgabe einfach nicht mehr zu schaffen, selbst wenn er Tag und Nacht pausenlos gearbeitet hätte.

In dieser Not hatte Peter einen rettenden Einfall: »Wie wäre es, wenn ich die einzelnen Zeichenvorlagen, so wie sie sind, auf ein darübergelegtes sehr dickes Transparentpapier mit Tusche ins Reine durchzeichnen lasse, und zwar je Plan von einem Mitarbeiter, um daraufhin alle nicht stimmigen bzw. überflüssigen Striche mit einer Rasierklinge wegzukratzen, damit die so entstehenden ›Rohlinge‹ mit geringstmöglichem Aufwand in Form gebracht werden können?«

Genau so machten wir es dann. Ganz wichtig bei dieser Prozedur war, dass wirklich immer die glatte Seite des starken Transparentpapiers verwendet wurde, die sich zum Radieren und vor allem zum nachfolgenden Korrigieren besser eignete. Da uns zu dieser Zeit nur wenige eigene Mitarbeiter zur Verfügung standen, mussten wir uns von Mitarbeitern der Arbeitsgemeinschaft für die Architektenplanung der Gesamthochschule Siegen unterstützen lassen, die damals im BAUTURM angesiedelt war. Die von Godfrid gezeichneten Konzepte für die Ansichten fanden wir so gelungen, dass wir sie nahezu unverändert zu Originalen erklärten. Im vergrößerten Zustand gab gerade das Skizzenhafte diesen Plänen ein besonderes Flair.

Alfred Bohl, der im BAUTURM damals noch bei Erich Schneider-Wessling arbeitete, half bei den Berechnungen und Flächennachweisen. Auch hier zeigt sich, welch ein Segen es ist, dass es sich um einen *Ideen*wettbewerb handelte, bei dem der Flächennachweis für die einzelnen Programmpunkte durchaus cum grano salis erfolgen konnte, weil es hier mehr auf die Idee als auf peinlich genaue Programmerfüllung ankommt. Nur so konnten wir uns ja die Freiheit herausnehmen, den für die Museen geforderten Mehrzwecksaal kurzerhand zu einem Konzertsaal umzufunktionieren, das Verhältnis von Tageslicht und Kunstlicht in den Ausstellungsräumen entsprechend unserer Überzeugung einfach umzukehren sowie die engen Grundstücksgrenzen zum Dom und zum Rhein hin kurzerhand zu ›überspringen‹.

Ein besonderes Problem bereitete das geforderte Massenmodell im Maßstab 1 : 500, das damals noch gleichzeitig mit den Plänen eingereicht werden musste, auf eine gelieferte Einsatzplatte montiert. Diese Arbeit übertrugen wir dem mit uns befreundeten Modellbauer Yılmaz, der schon öfter im BAUTURM solche Modelle für uns ausgeführt hatte. Unter seinen Händen entstand eher eine Modell*skizze* als ein Modell, was der Art, wie die

Pläne allmählich ausreiften, durchaus entsprach. Für die Oberlichtsheds besorgte Yılmaz im Baumarkt Viertelstäbe, die allerdings bis zuletzt mangels geeigneten Klebstoffs immer wieder auseinanderzufallen drohten.

Am Abgabetag konnten wir erst nachmittags die fertig gezeichneten, beschrifteten und teilweise mit Folien beklebten 1 : 500-Vorlagen zur Reproanstalt bringen, um sie dort auf den geforderten Maßstab 1 : 200 vergrößern zu lassen. Diese Prozedur dauerte länger als geplant. Die Abgabe bei einem normalen Postamt, also bis zur Schließung um 18 Uhr, war nicht mehr zu schaffen! In diesem Punkt sind die Wettbewerbsbedingungen unglaublich rigoros. Eine Arbeit, die nicht den Poststempel vom letztmöglichen Einreichungstag trägt, wird gar nicht erst angenommen, geschweige denn vom Preisgericht gewertet. (Ähnliches gilt natürlich auch für unfertige bzw. unvollständige Wettbewerbsleistungen.)

Fieberhaft telefonierte Peter, um herauszubekommen, ob es in der Region Köln bzw. bei der Bahn noch einen geöffneten Schalter zur Abgabe von Paketen gäbe. Parallel dazu wurde hektisch weitergearbeitet, vor allem am Modell. Bei der Bahn riet man Peter, es doch einmal beim Flughafen zu versuchen. Von dort erhielt er die Auskunft, dass der Postschalter auch zur Annahme von Paketen bis 22:00 Uhr geöffnet sei. Das war zwar eine gute Nachricht, aber es war bereits nach 21:00 Uhr und das Modell noch immer nicht ganz fertig! Auch die Pläne mussten noch in einer Rolle versenkt werden, damit sie versandfertig waren. Um kurz nach halb zehn saßen wir endlich im Wagen. Das Paket mit dem Modell mussten wir offen lassen, damit der Leim auf der Fahrt trocken konnte. Peter raste los, ohne Rücksicht auf Tempolimits und in der Ungewissheit, ob er am Flughafen Wahn das dortige Postamt schnell genug finden würde. (Es stellte sich dann heraus, dass es im Untergeschoss versteckt war.) Kurz bevor wir am Flughafen ankamen, hatte Godfrid endlich das Modell verpackt und das Paket beschriftet. Wir ließen das Auto vor dem erstbesten Eingang stehen und rasten los, um das Postamt zu finden. Die Uhr zeigte 21:59 Uhr. Da! Das gelbe Schild! Die Post am Ende des Ganges im Untergeschoss!

Ein letzter Spurt, und wir standen hechelnd vor der gläsernen Tür. Von innen steckte genau in diesem Moment der Postbeamte den Schlüssel ins Schloss, um die Tür abzuschließen. Wir kamen ihm zuvor, indem wir die Tür aufstießen, sodass der gute Mann ausweichen musste. Widerstrebend und schimpfend nahm er die Sendung entgegen.

Das war buchstäblich in allerletzter Sekunde! Einen Atemzug später hätte der Beamte den Schlüssel umgedreht, und keine Macht der Welt hätte ihn bewegen können, die Tür wieder aufzuschließen.

Peter hat später gestanden, dass er unterwegs fürchtete, das Benzin könnte nicht reichen! So haben wir nach dramatischer Hetzjagd tatsächlich in der allerletzten Sekunde jene Wettbewerbsarbeit doch noch termingerecht per Luftpost nach Köln auf den Weg gebracht, die unser Leben tiefgreifend verändern sollte.

Wenige Monate nach der Abgabe gab es eine große Überraschung für alle Kölner. Das Stifter-Ehepaar Ludwig aus Aachen unterzeichnete einen Vertrag mit der Stadt Köln über eine umfangreiche Schenkung, verbunden mit der Verpflichtung der Stadt, ein Museum für die bisher nur geliehenen Exponate zu bauen! Dass darüber seit längerem verhandelt wurde, war streng geheim gehalten worden. Nur wenige Eingeweihte hatten gewusst, dass dies der eigentliche Anlass für den Ideenwettbewerb gewesen war. Vor dem Hintergrund dieser Vereinbarung über ein neu zu bauendes Museum erhielt der Ideenwettbewerb plötzlich ein ganz anderes Gewicht. Umso mehr freuten wir uns, mit im Rennen zu sein.

10 Das Preisgericht

Der Wettbewerb war bundesweit anonym ausgeschrieben worden, mit international dazugeladenen Architekten. Gemäß den Grundlagen und Richtlinien für Wettbewerbe (GRW) waren die Beratungen des Preisgerichts vertraulich. Es tagte am 16. und 17. Januar 1976. Heute, über drei Jahrzente später, tut es gewiss dieser Vertraulichkeit keinen Abbruch, wenn wir hier einige für die Entscheidungsfindung bedeutsame Details erwähnen, von denen wir später erfuhren.

Zum Vorsitzenden wurde der bekannte erfahrene Architekt und Stadtplaner Professor Rudolf Hillebrecht aus Hannover gewählt. Unter den Fachpreisrichtern waren außer dem Dombaumeister Professor Dr. Arnold Wolff auch der Architekt der Domplatte Friedrich Schaller und der Kölner Architekt Nikolaus Rosiny.

Wir haben selbst an manchen Wettbewerben als Preisrichter teilgenommen, gelegentlich auch als Vorsitzende. Daher kennen wir die Usancen bei einem so bedeutenden Wettbewerb und wissen, dass sich das Preisgericht zu Beginn noch einmal gemeinsam und in Ruhe die Hintergründe der Aufgabenstellung klarmacht und von ortskundigen Fachleuten die lokalen Gegebenheiten erklären lässt. So ist etwa eine angemessene Wahrnehmung des Ortes undenkbar, wenn nicht auch dessen Vergangenheit einbezogen wird. Wie den Ausschreibungsunterlagen zu entnehmen ist, machte sich das Preisgericht zum Beispiel Folgendes bewusst:

»In der Mitte des 19. Jahrhunderts erfuhr das unmittelbare Umfeld des Doms einschneidende Veränderungen. Der Dom als Wahrzeichen und Denkmal wurde seiner kleinteiligen Umgebungsbebauung beraubt und durch umfangreiche Abbrüche freigelegt. Die in großer Unbefangenheit und Zukunftsgläubigkeit vom preußischen König Friedrich Wilhelm IV. getroffene Entscheidung, die Eisenbahn- und Straßenbrücke über den Rhein auf die Achse des Doms auszurichten und den Hauptbahnhof unmittelbar an der Nordseite anzulegen, führte zu raumgreifenden Zerstörungen gewachsener Stadtstrukturen.

Von der Masse parkender Fahrzeuge bedrängt, stand der Dom bis in unsere Tage auf einer Verkehrsinsel. Zwar fehlte es seit seiner Fertigstellung nicht an Stimmen und Bemühungen, seine Umgebung neu zu gestalten, der Verkehrsprobleme Herr zu werden und ihm einen angemessenen baulichen Rahmen zurückzugeben. Geldmangel und zuletzt der Zweite Weltkrieg verhinderten, dass die aus heutiger Sicht teilweise absurden Planungen Wirklichkeit wurden. Erst die Kriegszerstörungen eröffneten die Chance für neue Ansätze.

Mit dem Bau der an die Fußgängerzone Hohe Straße und an den Hauptbahnhof angebundenen Domplatte, des Roncalliplatzes, des Römisch-Germanischen Museums und des Diözesanmuseums wurden dem Dom neue Stadträume und in der dritten Dimension maßstabsgerechte Nachbarn zugeordnet. In seiner Umgebung entwickelte sich wieder städtisches Leben.

Nur auf seiner Ostseite bis zum Rhein blieb – auch als Folge der neu geschaffenen Straße vor dem Domchor – eine asphaltierte, als Busbahnhof provisorisch genutzte Öde bestehen: ein Bereich von besonderer Wichtigkeit für die Stadtsilhouette, für das Hin und Her zwischen der Innenstadt, dem Rhein und dem Landschaftsraum des anderen Rheinufers, nicht zuletzt auch ein Ort kultureller Dichte.«

Dazu ein Zitat aus den Wettbewerbsbedingungen:

»Der Ideenwettbewerb soll in Erweiterung der Gestaltung der Domumgebung die städtebauliche Neuordnung der Stadtgebietsfläche östlich des Domes, ehemaliger Omnibusbahnhof, klären und eine sinnvolle Verbindung mit den bestehenden oder geplanten Cityfunktionen aufzeigen. Hierbei denkt der Auslober an die Fortführung der kulturellen Einrichtungen, die Fußgängeranbindungen, an die Einkaufsbezirke und Verkehrseinrichtungen des Bahnhofsbereichs, an die Integration von Geschäfts-, Vergnügungs- und Erholungsaktivitäten mit der Kölner Altstadt in einer *guten Zuordnung zum Erholungs- und Grünbereich des Rheinufers*.« (Hervorhebung durch die Verfasser.)

Die Grundstückswahl ging auf die Studie »Städtebauprojekt Dom/Rhein Nutzungsprogramm« zurück, die im Mai 1971 abgeschlossen worden war. Zu dieser Zeit war die unmittelbare Domumgebung mit den Domplätzen und dem Römisch-Germanischen Museum noch eine Baustelle. In der Studie heißt es unter anderem:

»Das Städtebauprojekt ist in engem Zusammenhang mit der städtebaulichen Gesamtkonzeption zu sehen, die eine Neugestaltung des Rheinufers, beginnend mit dem Komplex des Rheinauhafens, über die Gestaltung des Sassenhofgeländes, die Tieferlegung der Rheinuferstraße zwischen den Brücken und dem Ausbau eigener Erholungszonen im Bereich von Strom und historischer Altstadt bis hin zur Wohnbebauung im nördlich anschließenden Rheinuferbereich zum Inhalt hat. Wesentliche städtebauliche Anforderung ist dabei, das Städtebauprojekt an die Erholungszone am Rheinufer anzubinden und harmonisch in die historische Altstadt-Kulisse und die Domumgebung einzugliedern. Auch gilt es, die heute durch ihre Größe und Form als störend empfundene Rampe der Hohenzollernbrücke neu zu gestalten, insbesondere durch Terrassierung die Hügellage des Doms architektonisch zu unterstreichen.«

In dieser Formulierung erkennt man unschwer die Handschrift von Ludwig Rühle, dem späteren Leiter der Projektgruppe Altstadt-Dom-Rhein, der von den Kölnern liebevoll ›Vater der Altstadt‹ genannt wurde und der uns später bei unserer Arbeit ein wichtiger Partner war. Er schrieb dies, wohl wissend, dass die konkrete Planung des

Rheinufertunnels im Bereich des Museumsgrundstücks die großzügige Anbindung an den Rhein praktisch unmöglich machen würde – wie sich später herausstellte in der geheimen Hoffnung, dass im Zuge des Museumsneubaus für dieses Problem eine Lösung gefunden würde, was dann schließlich auch geschah.

Das Preisgericht unter dem Vorsitz von Professor Rudolf Hillebrecht tagte wie üblich in mehreren Ausscheidungsrundgängen. Dabei diente der erste Rundgang gleichzeitig als Informationsrundgang. Hierbei können nur solche Arbeiten ausgeschieden werden, die nach einstimmiger Meinung des Preisgerichts die Aufgabe völlig verfehlt haben. Allerdings sagt die Regel in den Richtlinien für Wettbewerbe auch, dass in weiteren Rundgängen bereits ausgeschiedene Arbeiten, ebenfalls bei Einstimmigkeit des Preisgerichts, wieder »zurückgeholt« und beurteilt werden können. Dies ist eine weise Regel, da die Erfahrung in Preisgerichten gezeigt hat, dass sich häufig das Bewusstsein der Preisrichter, bezogen auf die besten Lösungen für die Aufgabe, nach genauerer Kenntnis der eingereichten Wettbewerbsentwürfe verändert.

Auch unsere Arbeit ereilte im ersten Informations- und Ausscheidungsrundgang dieses Schicksal, wie wir natürlich erst viel später erfuhren. Sie wurde einstimmig ausgeschieden, wohl weil sie die empfohlene Bezugshöhe des Römisch-Germanischen Museums und des benachbarten Hotels erheblich, nämlich um etwa sechs Meter überschritt. Nicht umsonst hatten wir genau bei diesem riskanten Verstoß gegen die Vorgaben so lange gezögert. Wir befürchteten, dass die Preisrichter beim noch summarischen Blick im ersten Rundgang unsere wohlerwogenen Gründe für das Überschreiten der vorgegebenen Höhe nicht nachvollziehen würden. Und tatsächlich hat sich unsere Befürchtung bewahrheitet!

Am zweiten Tag schaute sich der Dombaumeister Professor Wolff kurz vor Beginn der Sitzung alle Arbeiten noch einmal in Ruhe an. Er stellte daraufhin vor Beginn der folgenden entscheidenden Ausscheidungsrundgänge den Antrag, unsere Arbeit wieder in das Verfahren einzubeziehen. Dies geschah, ebenfalls wieder nach einstimmigem Beschluss.

Um eine genaue Prüfung anhand der zahlreichen Kriterien bewältigen zu können, wurde das Preisgericht während des letzten entscheidenden Rundgangs, vor der engeren Wahl, in zwei Gruppen aufgeteilt. Die eine Gruppe hatte die Aufgabe, die städtebauliche

Einbindung zu beurteilen, die zweite Gruppe war damit beauftragt, alle Kriterien bezogen auf die eigentliche Museumsaufgabe abzufragen. Beide Gruppen arbeiteten unabhängig voneinander, und beide kamen – wiederum unabhängig voneinander – zu dem Ergebnis, dass unserer Arbeit der erste Preis gebührte.

In der Begründung des Preisgerichts, dem Preisgerichtsprotokoll, hieß es dann unter anderem: »Wesentliches Merkmal des Entwurfs ist ein mutiges Heranrücken der Baumaßnahme an das Römisch-Germanische Museum und an den Sockelbereich des Domes. Hierdurch wird in entscheidender Weise die Maßstäblichkeit in dieser Zone neu geschaffen. Eine weitere wirksame Konsequenz dieser Entscheidung ist ein beträchtlicher Freiraum zwischen dem neuen Museum und dem Rhein. Der verfügbare Stadtraum wird in zwei unterschiedlich ausgeprägte Bereiche gegliedert. Dadurch gewinnt der Verfasser ausreichende Möglichkeiten sowohl dem Museum angemessene Freiräume zuzuordnen als auch den Übergang zur offenen Rheinlandschaft zu gewinnen.«

Diese Wortwahl lässt vermuten, dass Rudolf Hillebrecht selbst den Text diktiert hat, spielt doch in seiner Arbeit als Städteplaner und Architekt das Wort *Landschaft* eine entscheidende Rolle. Hier griff er den von Hans Scharoun geprägten Begriff *Stadtlandschaft* auf. Zur Funktion des Museums stellt das Protokoll zusammenfassend fest, dass »der Entwurf in hohem Maße alle musealen Ansprüche erfüllt«.

Dazu eine kleine Episode. Wir hatten gerade in einer Arbeitsgemeinschaft mit Kölner und Luxemburger Architekten den internationalen Wettbewerb für die neu zu bauende Musikakademie in Luxemburg gewonnen. Just an dem Tag, als das Preisgericht in Köln tagte, kam eine Kommission aus Luxemburg, um sich die vom BAUTURM und damit auch von Peter geplante und gerade fertiggestellte Kölner Musikhochschule anzusehen, und danach den Neubau der Musikhochschule in Hannover. Als wir auf der Rückfahrt von Hannover mit dem Zug am Mittag des letzten Sitzungstages auf der Hohenzollernbrücke wie üblich etwas langsamer fuhren, dachten wir intensiv an die Tagung des Preisgerichts. Peter flüsterte Godfrid zu, mit Blick über das Grundstück mit dem Busbahnhof und dem im Hintergrund hoch aufragenden Dom: »Ich glaube, das können wir uns abschminken. Niemals werden sie unsere Idee nachvollziehen!« Godfrid darauf, weniger pessimistisch: »Na, warten wir's ab!«

Wie wir später rekonstruierten, geschah dies ziemlich genau zu der Zeit, als der damalige Dombaumeister Professor Arnold Wolff im Preisgereicht das entscheidende Plädoyer für unseren Entwurf im Kontext mit dem Dom hielt. Mit einem optischen Spezialgerät, mit dem man durch eine Linse mit angeschlossenem Röhrchen in Modellen die Perspektive des Blicks aus der Fußgängerebene simulieren kann, überzeugte er das Preisgericht, dass das mutige Heranrücken unseres Entwurfes an den Dom nicht einmal vom Kurt-Hackenberg-Platz aus den Blick auf den Dom verstellte. Ferner machte er deutlich, dass die unglückselige Freilegung des Doms im 19. Jahrhundert durch dieses Heranrücken in positiver Weise korrigiert würde. In Anlehnung an die mittelalterlichen Maßverhältnisse zwischen niedriger, eng anschließender Umgebungsbebauung und hohem Dom würde so die Wirkung seiner Größe aus schmalen Gassen wieder ursprünglicher erlebbar wer-

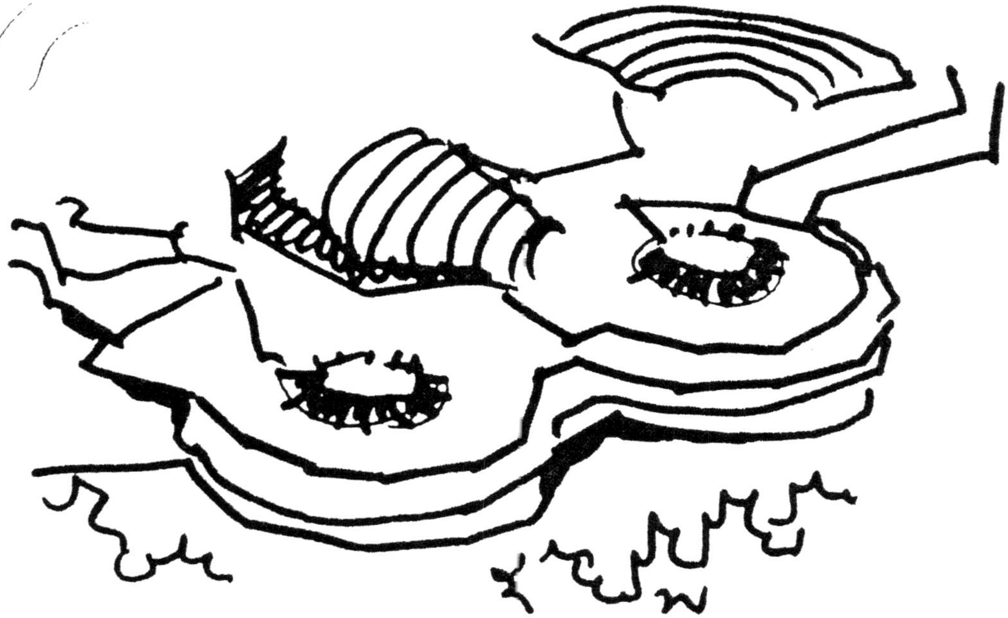

 Gleichzeitig entstanden: Conservatoire de musique in Luxemburg

den. Genau dies hatten wir mit unserem Konzept beabsichtigt, indem wir zwischen den oberirdisch angeordneten Ausstellungsräumen und den Restaurierungswerkstätten eine schmale Gasse mit Blick auf den Domchor ausbildeten, aus der man auch Einblick in die Museumsräume selbst haben würde. Durch diese Anordnung ginge man als Stadtgänger, von einem neu entstandenen Domchorplatz herkommend, ein Stück weit durch das Museum, ohne es zu betreten, und würde sodann auf eine großzügige, vom Museum begrenzte und zum Rhein hin geöffnete Platzfläche auf den vorgeschobenen Domhügel geführt, in dessen Innerem sich der größte Saal für 2000 Personen befände, der damals noch als Museumsraum für Happenings und Konzerte vorgesehen war, jedoch ebensogut für Musikveranstaltungen geeignet sein sollte.

11 Der erste Preis und Auftrag

Das Wettbewerbsverfahren war anonym und die Öffnung der Verfasserumschläge am Abend des 17. Januar 1976 muss für den Beigeordneten Werner Baecker angesichts seiner Animosität gegenüber den kritischen BAUTURM-Architekten ein Schock gewesen sein. Jedenfalls brachte er es nicht fertig, uns wie sonst üblich noch am selben Abend als Chef der Bauverwaltung zu informieren und zu gratulieren. Das besorgte erst am nächsten Morgen einer seiner Mitarbeiter, dessen Anruf Peter erreichte, als er gerade unter der Dusche stand.

Den ganzen Tag über stand das Telefon dann nicht mehr still. Peter erinnert sich unter anderem an den Anruf von Evelyn Weiss, der damaligen Kustodin der Sammlung Ludwig, die ihn tatsächlich bewegen wollte, das Wettbewerbsmodell kurzfristig zu überarbeiten, da es nach ihrer Meinung für die Präsentation in der Öffentlichkeit nicht geeignet sei. Damit spielte sie nicht so sehr auf die Konzeption an, als vielmehr auf den improvisierten Charakter der Modellstudie. Sie war voller Sorge, wie der damalige »Papst« der Architektur- und Kunstkritik, Eduard Beaucamp, in der *Frankfurter Allgemeinen Zeitung* das Wettbewerbsergebnis aufnehmen würde. Aber ganz allgemein fürchtete sie auch um die

Akzeptanz der Entscheidung in der Öffentlichkeit. Mit freundlichen Worten wies Peter dieses Ansinnen zurück mit dem Argument, dass wir mit diesem Modell schließlich den ersten Preis gewonnen hätten. Das kurze Gespräch war ein erstes Vorzeichen für das in vielfacher Hinsicht glatte Parkett, auf das uns der Wettbewerbserfolg katapultiert hatte.

Nach der Vorstellung des Wettbewerbsergebnisses in einer großen Pressekonferenz im alten, inzwischen abgerissenen Kölner Stadthaus in der Gürzenichstraße war die Resonanz in den Zeitungen durchweg positiv. Ein Foto des Modells erschien in der *FAZ* in großer Aufmachung mit einem wohlwollenden Kommentar des gefürchteten Kritikers. Mathias Schreiber, Kulturredakteur beim *Kölner Stadt-Anzeiger,* überschrieb seinen anerkennenden Artikel mit dem Titel »Demut am Dom«. Wir hätten mit unserem Beitrag eine »Fassung für das wertvolle Juwel Dom« geschaffen.

In einer groß angelegten Ausstellung aller Wettbewerbsarbeiten im alten Wallraf-Richartz-Museum wurde das Ergebnis in der Öffentlichkeit zur Diskussion gestellt. Das Interesse war überwältigend, vor allem Kollegen aus ganz Deutschland kamen, unter ihnen der berühmte Max Bill. Überwiegend wurde uns gegenüber bekräftigt, dass wir außer der überzeugendsten Konzeption auch die »sprechendste« Präsentation der Idee geliefert hätten. Für uns war dies eine Bestätigung, dass das aus Zeitmangel gefundene Konzept der skizzenhaften Darstellung aufgegangen war.

Es gab aber auch bereits erste Anzeichen von Opposition. Vor allem die Kölner Denkmalpflegerin, Dr. Hiltrud Kier, meldete massive Bedenken an. Ihr Hauptargument war, jetzt würde der Dom zugebaut – eigentlich kein Argument, sondern eher eine Behauptung, die dann in der Folgezeit unzählige Male vor allem in den Medien kolportiert werden sollte. Offensichtlich wollten die Kritiker das Konzept der »Neuen Mitte« nicht zur Kenntnis nehmen, den leeren Raum, der den freien Blick und Zugang vom Rhein zum Dom möglich machte. Auch von der Kölner Architektenschaft gab es Gegenwind, zunächst »unter der Decke« und dann immer stärker auch öffentlich. Was die Kollegen im Vorstand des BDA vor allem erboste: Es zeichnete sich in der Politik schon bald eine Tendenz ab, uns aufgrund des überzeugenden Vorschlags direkt den Auftrag zu erteilen und keine zweite Stufe des Wettbewerbs als Bauwettbewerb folgen zu lassen. Dabei übersahen die Kollegen allerdings, dass eine Klausel in den Wettbewerbsbedingungen dies

ausdrücklich ermöglichte. Die zweite Stufe war dort als optionales Verfahren ausgeschrieben.

Der Sinn des Ideenwettbewerbs war ja gewesen zu klären, ob auf dem Gelände zwischen Dom und Rhein das riesige Bauprogramm überhaupt, und mit baulich vertretbarer Baugestalt realisierbar wäre. Diesen Beweis hatten wir erbracht, und ganz offensichtlich war man nun seitens der Verantwortlichen in der Stadt Köln bemüht, dieses positive Ergebnis nicht wieder aus der Hand zu geben.

In der Geschichte unseres Büros haben wir eine solch einhellige Zustimmung vonseiten aller politischen Parteien zu einem unserer Entwürfe nie wieder erlebt. Die allgemeine Anerkennung war überwältigend, wenngleich auch der Kollege Oswald Mathias Ungers aus Empörung über die Entscheidung des Preisgerichts in einer japanischen Zeitschrift seinen nicht prämierten Wettbewerbsbeitrag in einer Weise veröffentlichte, dass man den Eindruck gewinnen musste, *er* hätte den Wettbewerb gewonnen: Jeglicher Hinweis auf das tatsächliche Ergebnis des Wettbewerbs fehlte!

12 Die Musik als neuer Partner des Museums

Nach der öffentlichen Resonanz auf unseren Wettbewerbsentwurf erkannten die Stadt Köln und der *Westdeutsche Rundfunk* sehr schnell die Chance, aufgrund der besonderen Dispositionen unseres Entwurfs einen reinen Konzertsaal planen und bauen zu können. Der *WDR* förderte diesen Plan durch das Angebot, ein Drittel der Veranstaltungstage bindend zu übernehmen und dafür einen Baukostenzuschuss bereitzustellen. Dies bedeutete für das Museum: Die Musik als neuer Partner war mit im Spiel, und zwar vertreten gleich durch zwei international anerkannte Orchester, das Rundfunk-Sinfonie-Orchester des *WDR* und das Gürzenich-Orchester der Stadt Köln.

Da es in der Planungsphase noch keinen Intendanten der Kölner Philharmonie gab, waren wir selbst aufgefordert, für die räumlichen Wünsche der Musiker an einen Konzertsaal von internationalem Niveau ein ergänzendes Programm zu formulieren. Darauf waren wir zum Glück bestens vorbereitet, da wir uns in der Planung von Konzertsälen sehr gut auskannten. Peter war seit Jahren im Rahmen der Planung für die Kölner Musikhochschule mit den Ansprüchen der Musiker vertraut, hatte er doch als Alternative zum ungeeigneten Programm des Ministeriums das Raumprogramm für deren Neubau entwickelt, gemeinsam mit dem Sänger Franz Müller-Heuser und dem ASTA-Vorsitzenden Reinhart Gutzeit. Godfrid hatte im noch nicht allzu lange zurückliegenden Studium bei Rolf Gutbrod die Konzerthalle in Augsburg als Vertiefungsentwurf ausgearbeitet, verbunden mit vergleichenden Studien aller wichtigen alten und damals bereits neuerbauten Konzersäle, wie zum Beispiel der Berliner Philharmonie von Hans Scharoun in den 1960er-Jahren. Außerdem kannte er auch die moderne Musikszene. Durch sein Musikstudium, das er bis zum Vordiplom parallel zum Architekturstudium betrieben hatte, aber auch durch seine kontinuierlich betriebene Musikpraxis waren ihm die hohen Ansprüche der Interpreten an einen Konzertsaal sehr wohl gegenwärtig. Uns beiden war daher klar: Die Räume für Chor, Solisten und Orchestermusiker mussten ausreichend groß und hervorragend gestaltet sein; und sie mussten gut funktionieren, um internationalen Standards zu genügen. (Als Pragmatiker wussten wir zum Beispiel, dass schon eine zu geringe Zahl von Toiletten die Funktionalität eines solchen Saals empfindlich beeinträchtigen kann!)

Zufällig fiel uns einer der letzten Briefe des Kölner Komponisten Bernd Alois Zimmermann aus dem Jahr 1965 in die Hände, worin er den Kern unserer Idee als Vision vorformuliert hatte:

»Für die kölnische Stadtlandschaft mit den bestimmenden Akzenten von Sakral-, Brücken- und Hochhausbauten linksrheinisch und der dominierenden Industrielandschaft rechtsrheinisch wäre ein Theater als Großraumgefüge in weit ausgreifender Überbauung zu fordern, welche den Rhein als ›Cantus firmus‹ in einem vielschichtigen polyphonen ›Stimmengefüge‹ mit einbezieht: Theater als internationaler Freistaat des Geistes, architektonisch, ästhetisch, landschaftlich moduliert, nach jeweils im umfassendsten Sinne topografischen Bedingungen. Der Umstand, dass Forderungen der Gegenwart erst in der Zukunft zu realisieren sind, bringt es mit sich, dass als utopisch erscheint, was alles weniger als utopisch ist: Eine Entwicklung, die zwangsläufig auf das totale Theater hinausläuft. […] und ich dächte, dass es wohl nicht das Schlechteste sein dürfte, wenn Komponisten, Architekten und nicht zuletzt die Theaterleute sich gemeinsam Gedanken über ein neues Theater machen und dass ein Gemeingefüge diesen Gedanken zur Ausführung annimmt.«

Die Grundempfindung, aus der heraus Bernd Alois Zimmermann diesen Text schrieb, entsprach auch unserer eigenen Stimmung. Er traf das Grundgefühl, mit dem wir fast wie in einem Rausch im Verlauf von kaum mehr als einer Woche die Gestalt erarbeitet hatten, die für uns unter den gegebenen Umständen an diesem außerordentlichen Ort die schlüssige Entsprechung für das war, was dort in Kriegs- und Nachkriegszeit geschehen war – und was von den Menschen, wenngleich vielleicht zum größten Teil unbewusst, an einem solchen Ort erwartet wurde.

Zwar gehörten die konkreten Begriffe, die Bernd Alois Zimmermann gewählt hatte, nicht unbedingt zu unseren Ausdrucksmitteln, vielleicht mit Ausnahme des Bildes vom »Totalen Theater« in Verbindung mit Tanz und Musik. Aber es ging ja, wie bei jedem schöpferischen Prozess, nicht in erster Linie um die Umsetzung von Begriffen, sondern vielmehr darum, die Phänomene hinter den Begriffen zum Leben zu erwecken. Das Phänomen, um das es hier ging, kann in zwei Worten zusammengefasst werden: *Dom* und *Rhein*. Und es ging darum, dieses Phänomen im Erleben der Kölner und der Besucher der Stadt wieder in einen lebendigen Akkord zu verwandeln.

Während des Wettbewerbs und noch lange danach gehörte der von uns als Konzertsaal konzipierte Mehrzwecksaal zum Raumprogramm der beiden Museen Wallraf-Richartz-Museum und Museum Ludwig. Weder eine Orgel noch irgendwelche Künstler- und Nebenräume waren vorgesehen. In den Grundrisszeichnungen entstand der Raum mit leichtem Zirkelschlag: ein Konzertsaal nach Art eines griechischen Theaters direkt unter der leeren Mitte, die wir als Voraussetzung für die freie Sicht auf den Dom erfunden hatten.

Schaut man sich im Rückblick die Wettbewerbszeichnungen genauer an und betrachtet insbesondere die durch den Entwurf gelegten ›Schnitte‹, so kann man feststellen, dass der von uns dort gezeichnete Saal längst nicht die Höhe hatte, die ihm als Konzertsaal zukommen musste. Das hing auch damit zusammen, dass wir – getreu den Wettbewerbsvorgaben – unter dem gesamten Komplex eine Tiefgarage anzuordnen hatten, auch auf Kosten der wünschenswerten Höhe. Dabei muss man sich noch einmal vor Augen führen, dass das Saalkonzept nach oben durch die vorgegebene Höhe der Domplatte und nach unten durch das Grundwasser begrenzt war. Aber es handelte sich ja zum Glück um einen Ideenwettbewerb, in dem noch nicht die Lösung aller Probleme geliefert werden sollte und konnte. Doch die Lage selbst, unter dem vorgeschobenen Domhügel unter einem nicht überbauten Platz versteckt, war natürlich goldrichtig: einmal wegen der

Größe der zu überbrückenden Dachkonstruktion für diesen Saal; zum anderen wegen der sich bald herausstellenden Notwendigkeit, den Saalkörper akustisch von der übrigen Bebauung des Grundstücks vollständig zu trennen.

13 Die Weichen werden gestellt

Da wir für die innere Gliederung unseres Museumsentwurfs besonders gut bewertet worden waren und auch Peter und Irene Ludwig als neue Vertragspartner der Stadt Köln begeistert von unserem Entwurf waren, wurden wir uns bald mit allen Beteiligten einig, dass wir unseren Wettbewerbsentwurf weiterentwickeln sollten. Schließlich hatte das Preisgericht unsere Lösung einer Randbebauung des Grundstücks ja nicht nur mit dem ersten Preis, sondern zusätzlich mit einer einstimmigen Ausführungsempfehlung ausgezeichnet. Und da unser Wettbewerbsentwurf in Politik und Öffentlichkeit viel Zustimmung erfuhr, wurde bald deutlich, dass wir mit der Planung für die nächsten Schritte beauftragt würden.

Vor allem Kulturdezernent Kurt Hackenberg und der SPD-Fraktionsvorsitzende Günter Herterich setzten sich für uns ein, allerdings zunächst noch mit unrealistischen, viel zu niedrigen Kostenvorstellungen. Wir selbst äußerten uns zur Kostenfrage überhaupt nicht. Schließlich konnte eine fundierte Kostenberechnung ja erst nach einer seriösen Vorplanung stattfinden. Wann immer wir in diesem frühen Stadium in ein Gespräch über Kosten hineingezogen wurden, regten wir an, die guten Erfahrungen beim Bau der Universitäten in Berlin und Stuttgart zu nutzen und einen »Quantity Surveyor« für die Kostenplanung und -kontrolle einzusetzen, ohne dabei die eigentliche Projektsteuerung aus der Hand zu geben.

Während wir spürten, dass uns Karl Ruhrberg, der erste Direktor des Museums Ludwig, mit Vorbehalten begegnete – wahrscheinlich, weil wir nicht dem ihm vertrauten Bild des Künstler-Architekten-Stars entsprachen –, gab sich der für beide Museen zuständige Kurator Dieter Ronte ausgesprochen kooperativ, ja anregend und schöpferisch. Nachdem

Ronte Direktor des Museums Moderner Kunst Stiftung Ludwig in Wien wurde, trat an seine Stelle Christoph Brockhaus, mit dem uns noch heute eine lebendige Freundschaft verbindet. Er war für uns der eigentliche Bauherr im Detail, als es um die inhaltliche Konzeption der Museen ging. Brockhaus half dabei, die problematische, da nachträglich vorgenommene Integration des Agfa-Photo-Historamas, sowie die Fotosammlungen von L. Fritz Gruber und Lebeck und die der Cinemathek zu bewältigen. Auch unterstützte er uns in dem Bemühen, zur Erholung der Besucher in den Museumsrundgang eine Art Ruheraum zu integrieren, den wir tatsächlich verwirklichen konnten. Er ist die von der »Museumstraße« im ersten Obergeschoss zugängliche Galerie im Museumsrestaurant, von wo man einen beruhigenden Ausblick auf Dani Karavans Kunstwerk genießen kann. Leider verließ Christoph Brockhaus Köln sehr bald, um Direktor des Museums Lembruck in Duisburg zu werden. So konnten wir nicht verhindern, dass dieser Raum vom Museum unangemessen oder überhaupt nicht bespielt und geschlossen wurde. Dabei waren die der Entspannung dienenden herrlichen Sessel-Liegen von Le Corbusier schon bestellt!

Es mag sein, dass Ruhrberg die Situation in Köln mit der seines Kollegen Johannes Cladders in Mönchengladbach verglich, der sich für das Museum Abteiberg den ihm geeignet erscheinenden Künstler-Architekten ohne Wettbewerb aussuchen konnte. Der österreichische Architekt Hans Hollein baute das allerdings sehr viel kleinere Museum in Mönchengladbach etwa zeitgleich mit dem Museum Ludwig. Während des Baus hatte man sich dort mit dem Hauptsammler, Giuseppe Panza di Biumo überworfen. Dass der seine Sammlung zurückzog, tat der Publizität des Projekts merkwürdigerweise keinen Abbruch. Eine solche Entwicklung wäre natürlich in Köln undenkbar gewesen. Eine kritische Auseinandersetzung mit dem Sammlerehepaar Ludwig hat es in der gesamten Zeit der Planung nie gegeben – im Gegenteil! Die Ludwigs haben uns als Architekten niemals beeinflusst oder dies auch nur versucht. Stattdessen begleiteten sie die Planung auch öffentlich mit wohlwollender Zustimmung. Denkbar ist allerdings, dass sie bestimmte grundsätzliche Axiome gegenüber dem Kulturdezernenten Hackenberg zum Ausdruck brachten, was die Aufteilung zwischen Museum Ludwig und Wallraf-Richartz-Museum im Gesamtkonzept des Hauses anging. Dies führte dazu, dass das Museum Ludwig die meisten der großzügigen Oberlichträume im letzten Geschoss, die große Kunstlichtzone auf der Altstadtebene (auf gleichem Niveau mit dem Hauptfoyer der Philharmonie) und vor allem die zwei größten und höchsten Museumsräume erhielt, während das Wallraf-Richartz-Museum auf der mittleren, allerdings auch sehr prominenten Ausstellungsebene beheimatet wurde. Eng wurde es vor allem gegen Schluss der Fertigstellung des Gebäudes für das Wallraf-Richartz-Museum, weil das Fotohistorama Räume im Museum Ludwig erhielt, die ursprünglich zum Wallraf-Richartz-Museum gehörten, und außerdem der zweite große Saal umgewidmet wurde, den wir vor allem für das große Bild von Murillo geplant hatten.

Wie gelang es uns als Architekten nun, überhaupt politischen Einfluss zu erlangen, der doch immer wieder nötig war, um das Projekt so zu realisieren, dass es zu einem guten Ergebnis kam? Wir hatten das Glück, dass zu dieser Zeit Günter Herterich die Zügel in der SPD und im Rat in der Hand hatte. Er erkannte sofort die kulturelle und stadtgestalterische Chance für die Stadt Köln. Für die Realisierung dieses Projekts sollten unbedingt die besten Möglichkeiten zur Verfügung stehen! Um dies zu gewährleisten leitete er persönlich jene Vorbesprechungen, die für die Abstimmungen im Sonderausschuss entscheidend waren. Zu diesen parteiinternen Gesprächen wurden in der Regel nur wichtige Informanten aus der Verwaltung geladen, wozu in diesem Fall natürlich der damalige Baudezernent Werner Baecker gehörte. Zu dessen Aussagen hatte Herterich jedoch kein Vertrauen mehr. Daher verwehrte er ihm die Teilnahme. Abweichend von den üblichen Gepflogenheiten lud Herterich uns Architekten zu diesen Gesprächen ein, um unmittelbar aus unserer Planung über mangelnde Aktivitäten und fehlende Entscheidungen der Stadtverwaltung informiert zu werden. Hieraus entwickelte sich sehr bald ein Vertrauensverhältnis, weil Herterich sich von unserem projektbezogenen Engagement überzeugen konnte. Dies half sehr in einer kritischen Phase, als eine starke Fraktion in der SPD das Projekt erheblich verkleinern wollte, um Kosten zu senken. Mit detaillierten Angaben lieferten wir Herterich Argumente, dass durch die scheinbar notwendige Umplanung und die daraus entstehende Bauverzögerung voraussichtlich mehr zusätzliche Kosten entstünden, als durch die gewünschten Reduzierungen eingespart würden. Wann glaubt ein Politiker dem Architekten eine solche Aussage, statt zu vermuten, dass sich dahinter nur dessen Eigeninteresse verbirgt? Nur dann, wenn frühere Aussagen die Belastungsprobe bestanden haben.

Günter Herterich machte uns nach und nach mit allen wichtigen Persönlichkeiten und Institutionen in Rat und Verwaltung bekannt. Dabei war von unschätzbarem Wert, dass im Zusammenhang mit Peters politischem Engagement in der Bürgerinitiative Brandt-Scheel bereits ein großes Vertrauensverhältnis zwischen Herterich und uns gewachsen war. Uns beeindruckte besonders seine Klugheit, wie er es verstand, sämtliche politische Parteien und Kräfte für das große Vorhaben im Konsens zu vereinen und bei den Debatten jede Polarisierung zu vermeiden. Durch Herterich lernten wir dann ziemlich bald Ludwig Rühle kennen, diesen quirligen Widerspruchsgeist, der mehr von einem Künstler in sich trug als von einem Verwaltungsbeamten. Rühles Lebensthema waren die Kölner Altstadt mit dem Dom-Rhein-Bereich und – wie er sich ausdrückte – die Überwindung der Barrierenwirkung der Bahn. »Den müssen Sie für sich gewinnen!«, gab uns Herterich mit auf den Weg. »Sonst bohren sie ganz dicke Bretter.«

Wir machten uns allerdings auch keine Illusionen, dass wir uns im Fall der bevorstehenden Beauftragung auch um ein gutes Verhältnis zum Baudezernenten Baecker bemühen müssten, trotz der bestehenden Animositäten. Schließlich war klar, dass die Bauverwaltung bei der Planung des anspruchsvollen und komplexen Projektes unser nächster und wichtigster Partner sein würde.

Ein erster Schritt, Baeckers Vertrauen zu gewinnen, ergab sich, als wir darauf verzichteten, auch die Bauleitung für dieses große Projekt durchzuführen. Aus ökonomischer Sicht wäre dies für uns durchaus interessant gewesen, eventuell in Kooperation mit Kollegen im BAUTURM. Seit 1975 gab es eine neue Gebührenordnung (HOAI), in der – im Gegensatz zur alten GOA – die Bauleitung, inklusive den vielfältigen bauorganisatorischen Leistungen (Ausschreibungen etc.), endlich angemessen ausgestattet wurde. Gegenüber rund einem Drittel gab es dafür jetzt etwa die Hälfte des gesamten Honorars. Dennoch schien es uns vernünftig, uns bei der riesigen und komplexen Bauaufgabe ganz auf die Planung zu konzentrieren, da auch vorhersehbar war, dass Planung und Bauleitung bei diesem riesigen Projekt zeitlich parallel ausgeführt werden müssten, und außerdem, um Fehlerquellen bei der voraussehbaren zeitlichen Überschneidung zu vermeiden.

Dieser Verzicht war keineswegs selbstverständlich, da wir bis zu diesem Zeitpunkt für alle Projekte auch die Bauleitung ausgeführt hatten, um das jeweilige Werk auch in der Ausführung in der Hand zu behalten. Um unseren künstlerischen Anspruch bis zur Fertigstellung durchsetzen zu können, schlugen wir vor, mit einer angemessen bewerteten »Künstlerischen Oberleitung« beauftragt zu werden. Außerdem baten wir darum, bei der Auswahl des Bauleiters beteiligt zu werden und diese Position nur mit unserem Einverständnis zu besetzen. Beidem wurde stattgegeben, obwohl die neue Gebührenordnung gegenüber der alten keine separat ausgewiesene »Künstlerische Oberleitung« mehr aufwies.

Im Zuge dieser Prozedur gab es zwischenzeitlich eine gefährliche Irritation, als sich die der SPD nahestehende »Neue Heimat« um den Bauleitungsauftrag bewarb. Unter anderem war die »Neue Heimat« zuständig für den Neubau des Großklinikums in Aachen, und die Jahre später virulent werdenden riesigen Probleme im Zusammenhang mit diesem Bau zeichneten sich für uns schon damals ab. Zum Glück erschien die »Neue Heimat« zu jeder Verhandlungsrunde mit einer neuen Mannschaft und disqualifizierte sich allein schon dadurch. Ihr nordrhein-westfälischer Chef, mit dem Peter als Praktikant auf einer Baustelle in Hamburg zusammengearbeitet hatte und der sich allein durch diesen persönlichen Kontakt Chancen ausrechnete, verstand die Welt nicht mehr, als wir seine Bewerbung nicht unterstützen wollten.

Den Auftrag für die Bauleitung bekam dann das relativ kleine Büro der Architekten Rüdiger Heusinger von Waldegg und Horst Grützmacher. Bei allen Bewerbungsgesprächen war Heusinger von Waldegg immer allein aufgetreten und machte von Mal zu Mal einen kompetenteren Eindruck. Außerdem konnte er auf die besten Referenzen von allen seinen Auftraggebern verweisen, insbesondere von Bauämtern für Universitäten in Nordrhein-Westfalen. Dass die Wahl auf ihn fiel, kann rückblickend nur als ein weiterer Glücksfall für das Dom-Rhein-Projekt angesehen werden. Im Laufe der Zusammenarbeit erschienen dann auch weitere Mitarbeiter, die sich alle als hervorragend und kompetent erwiesen, allen voran sein Partner Horst Grützmacher, den so gut wie nichts aus der Ruhe bringen konnte – eine ideale Eigenschaft für einen Bauleiter.

Wir erinnern uns gern an diese wichtige Vorphase im Jahr 1976, in der alle wichtigen Weichen für das spätere Gelingen des Werks in großer Gelassenheit und Konzentration gestellt wurden, sowohl in der Politik, als auch in der Verwaltung und natürlich in unserem damals noch relativ kleinen Büro, das nun personell kräftig aufgestockt werden musste. Dabei stellte es sich als segensreich heraus, dass Peter in den Jahren zuvor im BAUTURM die Planung für die Gesamthochschule Siegen mit bis zu 15 Mitarbeitern im Rahmen der Architektengemeinschaft SI-Planer gelenkt hatte. Als wir den Auftrag für das Dom-Rhein-Projekt erhielten, lief diese Planung gerade aus, und so konnte die fruchtbare Zusammenarbeit mit den meisten dieser Kolleginnen und Kollegen nahtlos fortgesetzt werden, indem wir sie kurzerhand in unser Büro übernahmen.

Ein Kollege von außen kam noch hinzu, der sich bei uns um die Projektleitung bewarb: Ulrich Kuhn – auch dies wieder, rückblickend gesehen, eine hervorragende Wahl. In kurzer Zeit erwarb Kuhn sich nicht nur unser Vertrauen, sondern auch das der Mitarbeiterinnen und Mitarbeiter, der vielen an der Planung beteiligten Ingenieurbüros, der Bauleiter und insbesondere der Persönlichkeiten aus der Bauverwaltung der Stadt Köln, mit denen wir es jetzt immer mehr zu tun hatten. Kuhn, später Professor an der Fachhochschule in Köln, redete wie er zeichnete, stets äußerst zurückhaltend und sparsam; aber wenn er sich dann äußerte, hatte es immer Gewicht und traf den Kern der Sache. Unsere eigene, sehr spontane und aus dem Augenblick schöpfende Arbeitsweise mag ihm oft gegen den Strich gegangen sein. Wir erinnern uns, dass er sich manchmal regelrecht schüttelte, wenn wir etwas aus seiner Sicht so gar nicht Passendes beigetragen hatten. Dennoch verhielt er sich uns gegenüber immer loyal. In einer späteren, kritischen Planungsphase war er es, der den entscheidenden weiterführenden Impuls gab. In unserer persönlichen Beziehung mussten wir nicht bei Null anfangen, denn wir kannten uns schon aus der Zeit, als er Mitarbeiter im Büro von Gottfried Böhm war.

Vor Beginn der Projektbearbeitung entschieden wir, uns selbst aus dem eigentlichen Geschäft der Projektleitung herauszuhalten, zumal wir sie bei Ulrich Kuhn in besten Händen wussten. So mussten wir hier nicht ständig präsent sein und konnten uns stattdessen hundertprozentig den akuten Problemen widmen, von denen es im Lauf der Zeit zahllose geben würde. Außerdem darf man nicht vergessen, dass wir parallel zu dem großen Auftrag das übrige Geschäft unseres Büros bei der Bearbeitung und Betreuung anderer Bauherren nicht vernachlässigen durften. So lief etwa parallel die Planung von Schulen weiter, insbesondere das in Arbeitsgemeinschaft mit den Luxemburger Kollegen Heintz-Sturm und Lenz und der dt8-Planungsgruppe Köln entstehende Conservatoire de musique de la Ville de Luxembourg, das auch einen großen Konzertsaal beherbergt. Außerdem gab es den Auftrag der Bundesrepublik für die Deutsche Botschaft in Kinshasa, der kongolesischen Hauptstadt (damals Zaire).

Auch in Politik und Verwaltung ging man daran, die erforderlichen Strukturen zu schaffen und zu besetzen. Und auch hier gelang es, für die große Aufgabe nur das Beste und die Besten zu finden. In der Bauverwaltung wurde das sogenannte Amt 654 geschaffen, mit Baudirektor Franz Lammersen an der Spitze. Gewiss gab es keinen Geeigneteren als ihn, zumal er über große Erfahrungen in der Entwurfsabteilung des Hochbauamtes verfügte und bereits große Bauten entworfen und geleitet hatte. Darunter war zum Beispiel die Kunsthalle am Josef-Haubrich-Hof, ein respektabler und funktionstüchtiger Bau, der inzwischen völlig unverständlicherweise einer neuen Planung an dieser Stelle geopfert wurde. (Nur nebenbei: »Das Loch«, das an der Stelle der von Lammersen entworfenen Kunsthalle entstand, wurde namensgebend für eine überregionale Initiative von Künstlern, die sich gegen diesen Abriss wehrte.) Mit diesem beamteten Kollegen, Franz Lammersen, sollten wir die nächsten Jahre, manchmal täglich zusammenarbeiten. In seinem Amt in der Pipinstrasse liefen alle wichtigen Fäden des Planungs- und Baugeschehens zusammen, hier fielen die wichtigsten Entscheidungen.

Ein paar Hausnummern weiter residierte der Verwaltungsdirektor Ludwig Rühle als Chef des Amtes »Projektgruppe Altstadt-Dom-Rhein«. Als wir uns zu dritt auf Vermittlung von Günter Herterich das erste Mal trafen, muss er gespürt haben, dass wir ihn als Künstler erlebten. Uns verband seitdem bis zu seinem Tod im März 2008 eine große gegenseitige Sympathie. Seine gelegentlich kompliziert und sperrig erscheinende Art und seine manchmal weitschweifigen Reden setzten ihn oft verletzender Kritik aus. Mit vielen verstand er sich überhaupt nicht, so leider auch nicht mit Lammersen. Wir können uns jedenfalls nicht erinnern, dass die beiden bei unserem Projekt jemals miteinander geredet hätten. Insofern war es Gold wert, dass wir uns mit diesen beiden Persönlichkeiten gut verstanden und deshalb sehr oft im Sinne der gemeinsamen Sache Brücken bauen konnten. Es war schließlich keine Frage, dass die Einbettung des Hochbauprojektes in den städtebaulichen Kontext ein Geschäft war, das auf allen Ebenen mit höchster Sensibilität betrieben werden musste, nicht zuletzt auf dem Gebiet der Finanzierung. So galt es, wichtige Finanzquellen zu erschließen, insbesondere beim Land in Düsseldorf und beim Bund in Bonn.

Der geistigen Beweglichkeit von Ludwig Rühle ist es letztlich zu danken, dass wenigstens südlich der »Barriere« Bundesbahn die von ihm schon früh formulierten städtebaulichen Zielvorstellungen realisiert werden konnten: einerseits der vom Verkehr ungestörte Rheingarten, andererseits die Verknüpfung des Rheinufers mit der Kölner Altstadt und dem Dombereich. Die Hoffnungen, die er mit dem Nordbereich des Hauptbahnhofs verbunden hatte, musste dieser Mann leider mit ins Grab nehmen. Das mag auch daran gelegen haben, dass es damals und bis heute an einem überzeugenden, zukunftsweisenden Projekt für den Breslauer Platz mangelte. Die Idee, die wir bereits ganz zu Anfang entwickelt hatten, nämlich den neuen Busbahnhof, als Ersatz für den vom Museumsgrundstück verdrängten bisherigen Busbahnhof, unter die Erde zu legen, im Zusammenhang mit einer großen Tiefgarage, diese Idee wurde vom Baudezernenten nicht ernsthaft aufgegriffen und verfolgt. Die Chancen, die sich hier geboten hätten, wurden damit für lange Zeit verspielt. Mit einer auch heute noch sinnvollen Verlängerung des Rheinufertunnels unter der Hohenzollernbrücke hinweg nach Norden wären der Busbahnhof samt Großgarage und die Vorfahrt zum Bahnhof störungsfrei erschließbar gewesen. Stattdessen wurde unter der persönlichen Führung des Baudezernenten hier nur das Allernotwendigste gebaut, ohne die Triebkraft einer guten und zündenden Idee.

In seinem Bereich der städtebaulichen Ebene sorgte Rühle dafür, dass wir von der Stadt den Auftrag für eine Rahmenplanung erhielten, deren Grenzen sehr weit gefasst waren: vom Rhein über die Grenze zur Altstadt, einschließlich Roncalliplatz, Dom, Bahnhofsvorplatz, bis hin zum Bahnhof selbst mit dem Breslauer Platz. Jedoch konnten wir diese Riesenaufgabe gegen die Intentionen von Bau- und Tiefbaudezernat unmöglich stemmen. Außerdem mussten wir uns vorsehen, uns angesichts unserer großen Herausforderung südlich der Brücke nicht zu überheben oder zu verzetteln.

Günter Herterich befasste sich damit, im politischen Bereich sinnvolle Entscheidungsstrukturen zu schaffen. Schon sehr früh lud er uns ein, mit ihm über dieses Thema zu diskutieren, zumal ihm bekannt war, dass Godfrid sich in seiner Doktorarbeit mit der Organisationsstruktur bei der Planung für die Olympiabauten 1972 in München auseinandergesetzt hatte.

So wurde die Idee geboren, im Rat einen Sonderausschuss nur für dieses Projekt mit eigenen Kompetenzen zu bilden, aus Vertreterinnen und Vertretern aller Parteien aus den Fachausschüssen. Rückblickend wurden auch hier die kompetentesten uns damals bekannten Persönlichkeiten im Kölner Rat davon überzeugt, in diesem Sonderausschuss mitzuarbeiten. Vorsitzender wurde Hans-Dieter Tintner von der SPD, der leider kurz darauf verstarb. Als Spitzenvertreter der CDU kam Heinz Christian Esser hinzu, von der FDP Dr. Klaus Burghard. Zur konstituierenden Sitzung des Sonderausschusses wurden – was ganz unüblich ist – wir Architekten als Gäste hinzugeladen. »Ich begrüße Sie als Geste!« Mit diesem Wortspiel führte Hackenberg uns dort ein, da wir nur als Gäste an den Sitzungen dieses Ausschusses teilnehmen konnten.

Wie es leider in der Kommunalpolitik Brauch ist, wurden in den Beratungen der Ausschüsse zwar alle wichtigen Fragen diskutiert, aber die Entscheidungen waren zuvor in den sogenannten Arbeitskreisen der Parteien vorbereitet und de facto dort schon beschlossen worden. Wenn unsere Beiträge zu den einzelnen Themen also auf den Weg einer möglichen Realisierung gebracht werden sollten, war es unumgänglich, dass wir auch an diesen Arbeitskreissitzungen teilnahmen. Jedenfalls war dies die völlig realistische Sicht von Günter Herterich, der dies dann auch ermöglichte. Es bedarf keiner Frage, dass die Teilnahme an diesen vielen Sitzungen im politischen Bereich uns sehr viel Zeit kostete. Sie war aber sinnvoll investiert. Spätestens hier erwies es sich als richtig, dass wir die Projektleitung nicht selbst wahrnahmen, sondern dieses Geschäft überwiegend von Ulrich Kuhn besorgen ließen, der sich voll und ganz und in aller Ruhe darauf konzentrieren konnte.

Als wir den Wettbewerb gewonnen hatten, war das Museum Ludwig als eigene Körperschaft noch ganz jung, sozusagen die jugendliche Tochter des Wallraf-Richartz-Museums. Dessen Direktor, Dr. Gerhard Bott, war gleichzeitig Generaldirektor aller Museen. Schon bald wurde der berühmte »Kunstmatador« Karl Ruhrberg für die Leitung des Museums Ludwig gefunden. Im Hintergrund wirkte immer noch, wenngleich bereits pensioniert, der große alte Mann, Gert von der Osten, ehemals Generaldirektor der Kölner Museen, der eigentliche Denker und Schöpfer der Kölner Museumslandschaft. Sein Buch *Museum für eine Gesellschaft von morgen* wurde für uns Pflichtlektüre. Bezeichnenderweise ist von der Osten in Köln so gut wie vergessen, obwohl alle Kölner Museen ihr heutiges Erscheinungsbild dem vorbereitenden Denken dieses Mannes verdanken. Für uns ist diese Persönlichkeit ein Beispiel im positiven Sinn, worauf es in der politischen und insbesondere kulturpolitischen Führungsebene ankommt: denken, denken und nochmals denken – und daraus folgend natürlich einen lebendigen Gedankenaustausch mit den betroffenen Menschen pflegen. Und wenn sich diese Menschen (noch) nicht in angemessener Weise artikulieren können, soll man stellvertretend für sie mittdenken – man denke nur an die Interessen der Kinder!

14 Die Geburt des Rheingartens zwischen den beiden Brücken

Wie bereits erwähnt, sah die ursprüngliche Verkehrsplanung zum Ideenwettbewerb zwischen Stapelhaus und Hohenzollernbrücke eine fünfspurige Rampe vor und ging dabei von einem hohen Straßenverkehrsaufkommen in der Rheinuferstraße und der Bischofsgartenstraße aus. Dieser »Dorn im Auge« widersprach unserem Konzept einer beruhigten parkartigen Verbindung vom Dom zum Rhein.

Ohne eine Änderung des Verkehrskonzepts musste unser Entwurf Stückwerk bleiben. Das Problem bestand vor allem darin, dass dieses Konzept von der Stadtverwaltung selbst entwickelt worden war. Wir mussten also zunächst den Bauherrn von seiner eigenen Planung abbringen! Wer einmal versucht hat, eine Stadtverwaltung von der Mangelhaftigkeit ihrer Planung zu überzeugen, der weiß: Leichter geht ein Kamel durch ein Nadelöhr. Damit deutlich wird, wie dies schließlich doch gelang, schildern wir hier die entscheidende Begegnung mit Kurt Hackenberg, ohne die der Rheingarten in seiner heutigen

Form, mit der großzügigen Verbindung zwischen Dom und Rhein, niemals zustande gekommen wäre.

Da die Gefahr bestand, dass die bereits vom Rat beschlossene Planung der Rampen für den Rheinufertunnel realisiert würde, und weil wir eigentlich keine Chance sahen, diesen einstimmigen Ratsbeschluss noch auszuhebeln, erhoben wir unsere Stimme, für die Anbindung der Altstadt an den Rheinufertunnel verkehrstechnisch eine alternative Lösung zu erarbeiten, für die wir allerdings auch noch kein funktionierendes Konzept hatten. Immer und immer wieder protestierten wir: »Diese Planung ist unmöglich! Damit wird die gesamte Zielsetzung der Stadtentwicklungsplanung im Bereich Altstadt/Dom/Rhein konterkariert, und zwar durch mangelnde Einsicht in die Priorität der Stadtgestalt, durch einen Mangel an Fantasie und den Starrsinn der Verkehrsplaner.«

Unterstützung bekamen wir hierfür zunächst nur von Ludwig Rühle, dem Leiter der Projektgruppe Altstadt-Dom-Rhein. Ein Gespräch mit dem damaligen Dezernenten für Stadtentwicklung, Professor Rüdiger Goeb, verlief völlig ergebnislos, weil es eine Absprache zwischen den Dezernenten gab, dass für diesen Bereich einzig die Dezernate für Hoch- und Tiefbau zuständig seien.

In dieser aussichtslosen Lage baten wir Kurt Hackenberg um ein persönliches Gespräch »in dringender Angelegenheit«, das er uns auch unverzüglich gewährte. Er empfing uns in seinen vom Verkehrslärm der Nord-Süd-Fahrt umtosten Büroräumen, wo er mit wohl kaum mehr als zehn Mitarbeitern die Kölner Kulturpolitik steuerte. (Der kleine runde Tisch mit Spitzendeckchen, an dem wir uns unterhielten, ist in Birgit Kilps Buch *Alle für Kultur – die Ära Kurt Hackenberg in Köln 1955–1979* abgebildet.)

Der Kulturdezernent forderte Peter mit einer wortlosen Geste zum Reden auf, einzig eins seiner beiden in der Blickrichtung nicht koordinierten Augen war strahlend auf ihn gerichtet. Das machte Peter Mut, kurz und knapp die verheerende Situation am Rheinufer vorzutragen. Hackenberg antwortete nicht, stand nur auf, ging zum Telefon und verlangte, mit dem Tiefbaudezernenten Franz Braun (CDU) verbunden zu werden. Braun war damals als erfahrener Ingenieur schon jahrelang Chef des gesamten Kölner Straßen-, Brücken- und U-Bahn-Baus, der – einem Herrscher ähnlich – keinen Widerspruch duldete und natürlich erbost war, dass wir Architekten es wagten, seine Verkehrsplanung öffentlich zu kritisieren. Wir bekamen mit, dass sich Braun offensichtlich in einer Besprechung befand. Darauf Hackenberg: »Dann holen Sie ihn da raus, es ist dringend!« Wieder ein paar Sekunden Pause, dann am anderen Ende der Leitung offensichtlich Franz Braun, der von Hackenberg seinerseits in einer Art diplomatischem Befehlston angewiesen wurde, zum nächstmöglichen Zeitpunkt ein Dreiergespräch mit ihm und Peter Busmann zu führen.

An dieses Gespräch erinnert sich Peter noch sehr deutlich: »Einige Tage darauf saßen wir tatsächlich zu dritt an dem kleinen runden Tisch, also schon rein physisch sehr nah beieinander. Franz Braun legte sofort los und gab in langer Rede seiner Empörung Ausdruck über das ungehörige Gebaren von Architekten, eine durchdachte und beschlossene Verkehrsplanung in Frage zu stellen. Er scheute sich dabei nicht, mich heftig zu attackieren. Nachdem er geendet hatte, gab Hackenberg – wiederum wortlos – mit einer Handbewegung das Signal zur Gegenrede. Diese begann ich dann, indem ich mich zunächst bei dem Tiefbaudezernenten bedankte, dass er mit so klaren und scharfen Worten gesprochen und mich angegriffen hätte, weil mich das in die Lage versetzen würde, in genau der gleichen Klarheit und Schärfe zu antworten. Das tat ich dann auch in aller Ausführlichkeit. Hierauf folgte sodann eine sachliche Erörterung der Problematik mit Kurt Hackenberg als ›Mediator‹. Sie führte zu dem Ergebnis, dass eine kleine Arbeitsgruppe im Tiefbauamt mit uns Architekten unter Federführung von Ludwig Rühle das Thema behandeln sollte.«

Nun standen wir vor der schwierigen Aufgabe, die Mitglieder des Sonderausschusses einzubinden, die ja als Politiker den katastrophalen Beschluss mit zu verantworten hatten – eine sehr heikle Angelegenheit. Doch kam uns hierbei eine glückliche Konstellation zu Hilfe.

Mittlerweile schrieben wir das Jahr 1978. In diesem Jahr unternahm der Sonderausschuss aus Vertretern der Parteien im Stadtrat zusammen mit uns Architekten und einigen Fachleuten der Bauverwaltung mehrere Besichtigungsreisen zu Museums- und Konzertsaalprojekten in Europa. Eine dieser Exkursionen führte uns nach Finnland, wo wir die Finlandia-Halle besichtigten, den berühmten Konzertsaal von Alvar Aalto. Dort kam man auf die Idee, bei dieser Gelegenheit doch gleich einen Abstecher (von immerhin

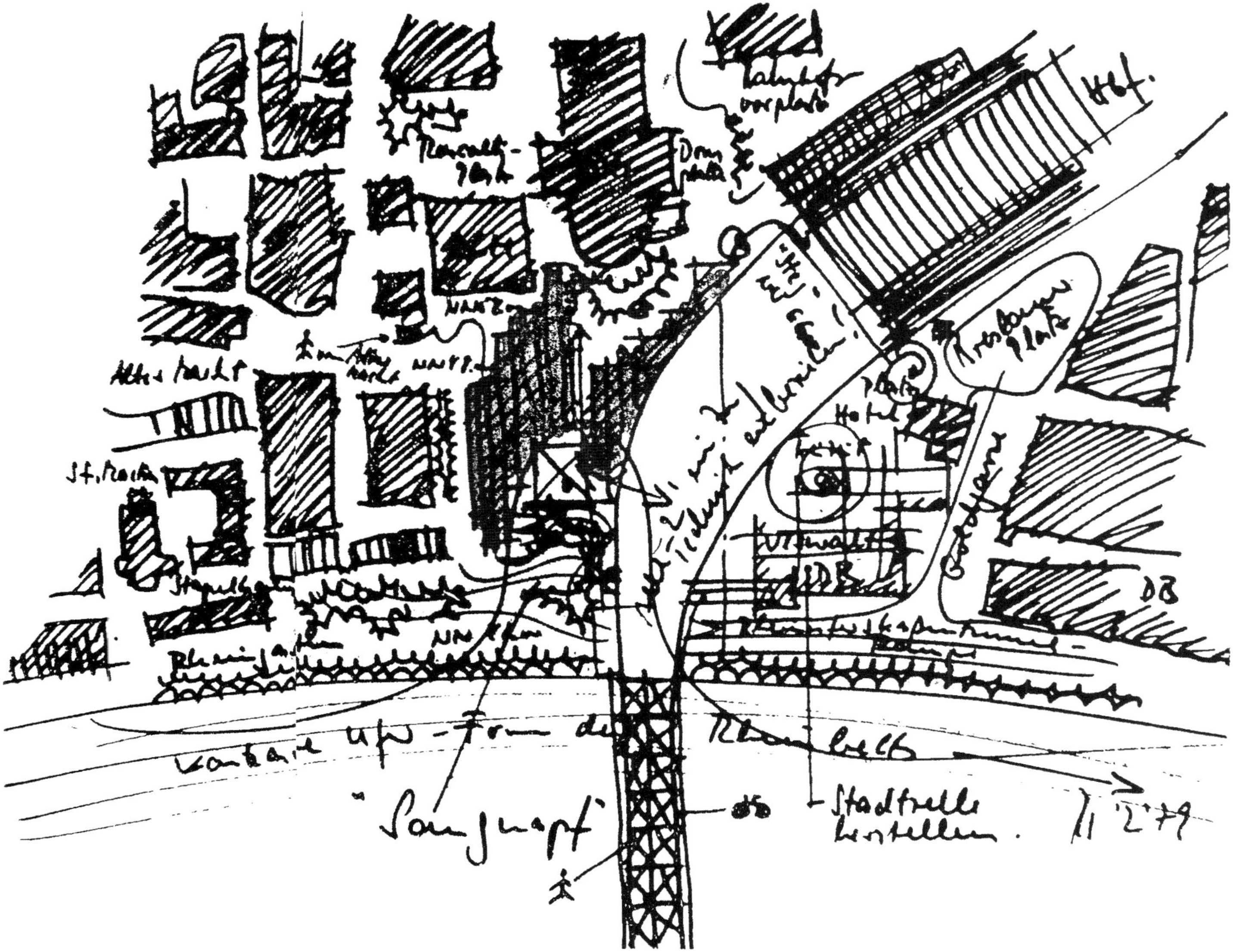
Hbf.
DB

einigen hundert Kilometern) zu machen und die Kölner Partnerstadt Turku zu besuchen. Diese Reise führte uns dann in einem viel zu großen Bus, in dessen Polstern wir uns mit gebührendem Abstand zueinander verteilten, durch eine ziemlich langweilige Landschaft. Die gemeinsame Zeit nutzten Peter und Godfrid, um jeder für sich die einzelnen Delegationsteilnehmer im intimen Zwiegespräch in die Problematik einzuweihen. Ausgiebig veranschaulichten wir jedem Einzelnen von ihnen anhand von verkleinerten Planunterlagen und Fotos die Problematik am Rheinufer, mit dem Ergebnis, dass bei unserer Ankunft in Turku jedem das Problem wirklich bewusst war. Auf der langen Fahrt hatten wir sogar ausreichend Gelegenheit gehabt, all ihre kritischen Rückfragen zu beantworten. Wohlgemerkt: Auch wir konnten in dieser Situation noch keine fertige Lösung für das Problem anbieten. Aber immerhin gewannen wir auf diese Weise einflussreiche Partner für unsere Forderung, unbedingt nach einer solchen Lösung *zu suchen!* Und in dieser vergleichsweise entspannten Situation vor dem Hintergrund der öden Landschaft gelang uns diese Überzeugungsarbeit sogar ohne die üblichen Unterbrechungen, wie: »Nicht machbar!« – »Nicht finanzierbar!«, die uns sonst von Gesprächen mit den Vertretern des Tiefbauamts so vertraut waren.

Eine Lösung konnten wir also noch nicht präsentieren. Klar war aber immerhin, dass die allgemein als hässlich und störend empfundenen Rampen genau in die Bögen der Hohenzollernbrücke verlegt werden mussten und die Zufahrt vom Rheinufer zur Altstadt in der Trankgasse im Osten der Hohenzollernbrücke anstatt in der Bischofsgartenstraße zu erfolgen hätte.

Unser Projektleiter Ulrich Kuhn fand dann die Lösung für die jetzige Verkehrsführung an der Hohenzollernbrücke. Er studierte die Arbeitsergebnisse der Ingenieure im Zuge der Bahndammsicherung genau und erkannte dabei eine Möglichkeit, den zum Rheinufer führenden Verkehr unter dem Museum direkt an der Stützmauer zum Bahndamm und quer durch die Straßenbögen des Brückenkopfes zu führen. So würde er in die nach Norden unter die Straßenbögen der Hohenzollernbrücke verschobenen Rampen des Rheinufertunnels eingefädelt. Nach entsprechenden Beschlüssen des Sonderausschusses musste das Amt für Straßen-, Brücken- und U-Bahn-Bau der Stadt Köln seinen Widerstand aufgeben. Die von uns vorgeschlagene Lösung wurde ausgeführt und ermöglichte so einen zusammenhängenden Freiraum des bis zur Hohenzollernbrücke verlängerten Rheingartens mit dem Domhügel und dem Heinrich-Böll-Platz. Da diese Lösung unsere Wettbewerbsidee am reinsten verwirklicht, ist sie im Erleben dieses Stadtraums so selbstverständlich geworden, dass sich heute niemand mehr vorstellen kann, dass sie zum Zeitpunkt der Planung am seidenen Faden gehangen hatte und nur durch starken politischen Druck durchgesetzt werden konnte.

So entstand unvermeidlicherweise eine als Tunnel ausgebildete »Durststrecke« für Autofahrer von der Altstadt zum Rhein, vorbei an der Anlieferzone für das Museum und der Zufahrt zur Tiefgarage der Philharmonie. Dies war der Preis, den wir zahlen mussten: für den verkehrsberuhigten Rheingarten zwischen Deutzer- und Hohenzollernbrücke; und für die großzügige landschaftliche Anbindung von Dom, Altstadt und Museum an den Rhein. Bedenkt man jedoch, wie viele Menschen – wahrscheinlich Millionen – inzwischen diesen Gewinn genutzt haben und sich diese Straßenführung überhaupt nicht mehr anders vorstellen können, so war es gewiss kein zu hoher Preis!

Der Rheingarten in seiner heutigen Gestalt konnte erst entstehen durch das Befreien der wertvollen Fläche zwischen Stapelhaus und Hohenzollernbrücke vom Autoverkehr, nachdem der Rheinufertunnel nach unserem Vorschlag verlängert wurde. Erst dadurch ist der gesamte Raum zwischen den Brücken vor der Altstadt in einer großzügigen Gestaltung zum zusammenhängenden Stadt-Landschafts-Raum möglich geworden.

Zum Glück musste man nicht mehr die Dienste des Brückenbauers Gerd Lohmer in Anspruch nehmen, der vom Tiefbauamt inzwischen beauftragt worden war, die jetzt überflüssige Straßen-Tunnelrampe zu verschönern. Mit dem Landschaftsplaner Hans Luz hatten wir sofort Ideen für den befreiten Raum zwischen Museum und Rheinufer, Fischmarkt und Hohenzollernbrücke. Im Sinne der Gestaltungsvielfalt begrüßten wir es aber durchaus, dass jetzt für den gesamten Rheingarten ein Wettbewerb unter Landschaftsarchitekten ausgeschrieben wurde, mit Beteiligung von Architekten und Künstlern. Wieder war es Ludwig Rühle, der dafür die Weichen stellte. Für die geistige Durchdringung der Aufgabe und ihre Formulierung holte er – von uns vermittelt – den Rat des Philosophen und Ökologen Hugo Kükelhaus ein. Im Preisgericht des Wettbewerbs, an dem wir uns zusammen mit Hans Luz und Dani Karavan beteiligten, war der legendäre

Kölner Gartendirektor Kurt Schönbohm vertreten, dem Köln den rechtsrheinischen Rheinpark zu verdanken hat.

Den Wettbewerb gewann Georg Penker aus Neuß gemeinsam mit Erich Schneider-Wessling und dem englischen Künstler Eduardo Paolozzi. Wieder ein Glücksfall, weil wir uns mit den ersten beiden aus gemeinsamer Arbeit gut verstanden. Georg Penkers überzeugende Konzeption orientierte sich vor allem an den historisch gewachsenen Beziehungen und – sehr sympathisch – am vorhandenen Baumbestand. Was uns aber besonders freute: Auch den von uns vorgesehenen großen Teppenaufgang zum Museumsplatz, dem heutigen Heinrich-Böll-Platz, und das vertikale Element im Environment Ma'alot von Dani Karavan bezog er in seine Planung ein.

Rückblickend kann man sagen, dass das Konzept einer »offenen Parkgestaltung« genau dem entspricht, was die Erholungsuchenden an diesem Ort erwarten, hat es doch – wie Hans Magnus Enzensberger es ausdrückt – den »Charme des Unperfekten«. Es gibt wenige aus der Historie des Ortes begründete Festlegungen, wie den Fischmarkt mit den schönen Pavillons oder den aus Basaltblöcken nachgebildeten Grundriss des alten Bollwerks. Im übrigen bleibt es dem Besucher überlassen, wo und wie er sich bewegen und aufhalten will.

Den Treppenaufgang zum Museum Ludwig verglichen die Kollegen mit der Spanischen Treppe in Rom, deren Maße denen der Treppe in Köln ähneln. Für den Ort am Fuß der Treppe und in der Achse der vom Durchgangsverkehr befreiten Bischofsgartenstraße (im Verlauf der alten römischen Hafenstraße) konzipierte Eduardo Paolozzi einen Brunnen in Analogie zur Situation in Rom, wo Bernini einen Brunnen in Form eines Schiffes aus Marmor modelliert hat. Im Gegensatz zu Bernini entwarf Paolozzi in Köln eine Komposition aus scheinbar wahllos verstreuten, in Bronze gegossenen Formen, die das Gesamtbild eines zerborstenes Schiffes ergeben. Unübersehbar hat auch hier der Künstler das Thema ›Stufen‹ aufgegriffen, das die Architektur des Museums durchwirkt.

Bei einem der vielen Abstimmungsgespräche schlugen wir vor, das Wasser der Klimaanlage für den Brunnen zu verwenden, anstatt es wie sonst üblich in die Kanalisation oder direkt in den Rhein zu entsorgen, mit der Folge, dass durch das immer temperierte Wasser der Brunnen auch in der kalten Jahreszeit belebt ist.

Hugo Kükelhaus hätte seine Freude daran gehabt, dass nun die Menschen, die durch die Bischofsgartenstraße streben, nicht zum Rheinufer »durchlatschen«, sondern sich zunächst einmal in den wasserumspielten fantastischen Formen Eduardo Paolozzi's »verfangen«. Ein Fest für die Sinne und ein Spielparadies für Kinder!

15 Der Vorentwurf mit Musterhaus

Für ein Projekt dieser Größenordung ist der Vorentwurf eine der wichtigsten Planungsphasen. Nun stehen die gestalterischen und konstruktiven Ideen im Hinblick auf eine mögliche Realisierung auf dem Prüfstand. Je konkreter die einzelnen Bausteine der Lösung auf eine mögliche Realisierung hin geprüft sind, desto fundierter kann ein realistischer Kostenrahmen erstellt werden.

Zum missverständlichen Begriff »Vorentwurf« ist vielleicht ein kleiner Exkurs für jene Leser sinnvoll, die nicht ständig mit Baufragen konfrontiert sind. Groteskerweise heißt die konzeptionelle Planung, die erstellt wird, um sicherzugehen, dass ein Bauwerk städtebaulich, gestalterisch, funktional und ökonomisch funktioniert, *»Vor-Entwurf«* – statt schlicht *»Entwurf«*, was das richtige Wort wäre. Das hängt wohl damit zusammen, dass die Pläne für den Vorentwurf in einem noch relativ kleinen Maßstab dargestellt werden. (Wir erinnern uns: Beim Museum war dies wie beim Wettbewerb der Maßstab 1 : 200.) Der Entwurf hingegen ist eigentlich nicht viel mehr als eine Vergrößerung des Vorentwurfs in den Maßstab 1 : 100. Diesen Maßstab haben dann auch die Pläne, die zum Baugesuch und zur Baugenehmigung eingereicht werden. Hieran wird deutlich: Die entscheidende Phase, in der die Würfel für die Qualität des Gesamtprojekts fallen, ist die als Vorentwurfsplanung bezeichnete Planungsphase.

Daher drangen wir bewusst auf einen großzügig bemessenen Zeitrahmen für diese Phase. Wir schlugen sogar vor, eigens einen Museumsraum als »Musterhaus« im Maßstab 1 : 1 zu bauen, also mit einer Grundfläche von 10,80 m im Quadrat bei fünf Metern Höhe unterhalb des Oberlichts. So konnten nicht nur die Lichtverhältnisse unter realen Bedingungen studiert werden, auch die Kalkulation der Herstellungskosten wurde genauer und zuverlässiger. Dies hat sich in beiden Punkten als segensreich erwiesen.

Es gelang uns, den für das Projekt eingesetzten Sonderausschuss Dom/Rhein davon zu überzeugen, wie wichtig die Anschauung des von uns erfundenen Oberlichtraums war. Er wurde auf dem Pausenhof der ehemaligen Schule in Volkhoven gebaut, deren Klassen seit einem fürchterlichen Attentat Jahre vor unserer Planung als Künstlerateliers dienen, und hat unschätzbare Dienste geleistet.

Der Bau eines Muster-Museumsraums mit den geplanten Oberlichtern in originaler Größe in der Phase des Vorentwurfs war vor allem wichtig, um die tatsächlichen Lichtverhältnisse auf den Ausstellungswänden in ihrer Wirkung zu prüfen. Da das Tageslicht

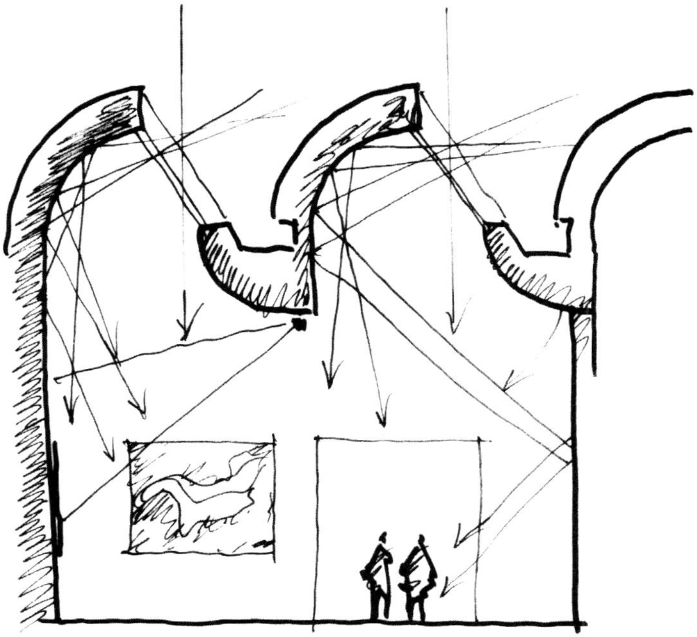

 Blick aus dem Museum auf den Heinrich-Böll-Platz mit dem Gesamtkunstwerk Ma‘alot

durch die nach Norden ausgerichteten Oberlicht-Sheds einseitig in den Raum einfällt, ergibt sich zwangsläufig eine helle und eine weniger hell beleuchtete Ausstellungswand. Das fanden wir grundsätzlich begrüßenswert, da unterschiedliche Helligkeiten in einem Raum für das Wahrnehmen der Bilder vorteilhaft sind. Das Auge ermüdet durch die notwendige Adaption nicht so schnell wie in gleichmäßig hellen Räumen. Hinzu kommt beim Tageslicht noch die natürliche Schwankung der Grundhelligkeit, die Tageslichträume für ein entspanntes Wahrnehmen favorisiert. Kunstlichträume hingegen ermüden das Auge des Betrachters mit ihrer statischen Gleichmäßigkeit viel schneller.

Der von uns gemeinsam mit der Stadt Köln beauftragte Lichtplaner hatte jedoch theoretisch ermittelt, dass bei dem von uns geplanten Oberlicht die hellere Wand doppelt so hell sein würde wie die dunklere. Mit diesem starken Unterschied hätten wir die Vertreter des Museums allerdings wohl überfordert. Ohnehin schätzen sie aus praktischen Gründen unterschiedlich helle Wände nicht besonders. Warum? Weil sie der Meinung sind, bei gleicher Helligkeit alle Exponate überall gleich gut hängen zu können. Darum vor allem plädieren sie oft für Kunstlicht, das man immer genau gleichmäßig steuern kann. Die nachweislich anstrengendere Wahrnehmung für den betrachtenden Museumsbesucher bleibt dabei allerdings völlig unberücksichtigt!

Durch den Bau unseres Musterhauses konnten wir anhand konkreter Lichtmessungen nachweisen, dass die theoretischen Annahmen des Lichtplaners nicht zutrafen, sondern die dunklere Wand nur um etwa 30 Prozent dunkler war als die hellere. Dieser deutlich geringere, jedoch immer noch spürbare Helligkeitsunterschied konnte von den Vertretern des Museums akzeptiert werden.

Damals – wie auch heute noch – propagieren Museumsleute vorwiegend Kunstlicht zur Belichtung von Ausstellungsräumen. Sie führen dafür noch weitere gewichtige Argumente ins Feld. So geht es etwa um das Museum als »Schatzhaus«, also um konservatorische Kriterien. Wir Architekten nahmen diese Argumente ernst, doch konnten wir ihnen mit einer inzwischen entwickelten ausgefeilten Tageslichttechnik begegnen. Denn genauso wichtig schien uns, dass die Kunstwerke von den Besuchern sinnlich erlebt werden konnten. Und dafür ist Tageslicht nun einmal von ungleich höherer Qualität, auch und vor allem wegen seiner dem Lebens-Rhythmus des Menschen entsprechenden Veränderungen im Ablauf des Tages. Abhängig von der Erscheinungsform des Himmels wirken die Schwankungen der Tageslichthelligkeit immer animierend auf unseren Organismus. Außerdem ist das Tageslichtspektrum für viele Malereien unverzichtbar, will man den Kunstwerken gerecht werden. Selbst wenn es – insbesondere in Übergangszeiten oder bei dunklem Himmel – mit Kunstlicht gemischt wird, ist die Qualität des Tageslichts immer noch spürbar. Darüber hinaus wirken alle im Tageslicht gemalten Bilder auch auf den Betrachter bei Tageslicht viel vitaler als im Kunstlicht. Für solche Bilder käme es geradezu einer Verfälschung gleich, wenn sie nur im Kunstlicht betrachtet werden könnten.

Vor Beginn der eigentlichen Planung sahen wir uns darum mit den Vertretern der Museen und der Bauverwaltung und mehrfach sogar mit dem gesamten Sonderausschuss große Museums- und Konzertsaalprojekte in Europa und in den USA an. Einerseits wollten wir hierdurch Anregungen bekommen, andererseits aber auch Fehler vermeiden, getreu dem Satz von Goethe: »Fehler kann man begehen wie man will, nur baue man sie nicht.«

Einige dieser gebauten Werke, die unsere Vorstellungen und unsere Phantasie beflügelten, möchten wir hier nennen und dabei erwähnen, was uns besonders beeindruckt hat:

- Das *Kröller-Müller Museum* von Henry van de Velde in Otterlo, in dem uns die Hierarchie der Wege beeinflusste, ähnlich dem Geflecht von Straßen und Plätzen in einer Stadt. Ein Detail haben wir von dort direkt übernommen: die Abrundungen an den Raumübergängen, die dem natürlichen Bewegungsfluss der Besucher entsprechen;
- das Oberlicht im *Atelier von Brancusi* neben dem Centre Pompidou in Paris;
- in New York das *Museum of Modern Art* (MoMA);
- in Fort Worth (Texas) das *Kimbell Art Museum* mit seinem herrlichen Oberlicht und der großartigen Verwendung von Holz im Innern von Louis I. Kahn;
- in Houston (Texas) die *Rothko Chapel* von Philip Johnson. (Bevor wir Dani Karavan kennenlernten, hatten wir längere Zeit die Idee, einen Abguss des dort aufgestellten *Broken Obelisk* von Barnett Newman – »a Memorial for Martin Luther King, Jr.« – an der Kante des Museumsplatzes zum Rhein aufzustellen.)
- Einen bleibenden Eindruck hinterließ auch der Besuch des *Louisiana Museum of Modern Art* nördlich von Kopenhagen. Hier wurden wir in unserer Vorliebe für natürliche

Materialien bestärkt und konnten studieren, wie wichtig es ist, alle Sinne anzusprechen, um den Menschen auf das Erlebnis von Kunst einzustimmen.

Gern hätten wir in Köln beispielsweise auch weiß geschlämmtes Mauerwerk an den Wänden gesehen, statt der weltweit in Museen üblichen papierglatten, strukturlosen Oberflächen, die wegen ihrer angeblichen ›Neutralität‹ immer wieder bevorzugt werden. Dabei bringen sie den Betrachter doch eher, wie wir es in einer Diskussion einmal ausdrückten, »optisch aus dem Gleichgewicht«. Immerhin konnten wir bei der Erstausstattung der Innenarchitektur des Museums durchsetzen, dass der verwendete Putz eine leicht gekörnte und damit strukturierte Oberfläche erhielt.

16 Ein Mehrzwecksaal wird zur Kölner Philharmonie

Nach dem nun schon viele Jahre währenden Erfolg der Kölner Philharmonie kann man sich heute kaum noch vorstellen, dass im ursprünglichen Raumprogramm der Wettbewerbsausschreibung gar kein Konzertsaal vorgesehen war. Stattdessen war ein Mehrzwecksaal für beide Museen gefordert, ganz im Sinne des Kunstbetriebs der 1960er-Jahre: für Happenings, Musik-Events und ähnliche Veranstaltungen. Deshalb waren auch nur ganz wenige Nebenräume im Entwurf auszuweisen, keinesfalls aber die anspruchsvolle und großflächige »Backstage«, wie sie ein zeitgemäßer Konzertsaal benötigt.

Peter hatte bereits mit seinen BAUTURM-Freunden unter einer Platzfläche einen Konzertsaal mit amphitheatralisch stark ansteigendem Gestühl entworfen und ausgeführt, nämlich für die Hochschule für Musik und Tanz in Köln. Ganz ähnlich definierten wir nun bei unserem Wettbewerbsentwurf für das Museum den Charakter des Mehrzwecksaals eindeutig als *Konzertsaal,* wenngleich nicht expressis verbis. Aber in unseren Zeichnungen war der Konzertsaal deutlich als solcher kenntlich gemacht. All jene, die es anging in der Stadt Köln – und das waren vor allem die Musiker und die Hörer der beiden großen Orchester (Gürzenich- und Rundfunk-Sinfonie-Orchester) – registrierten schon sehr bald, was wir »unter der Hand« vorgeschlagen hatten. Die musikbegeisterten Kölner erkannten die Chance, bei dieser Gelegenheit den lange gehegten Wunsch nach einem Konzertsaal endlich zu realisieren, noch dazu im Zusammenhang mit einem großen, zentral gelegenen Kulturzentrum in unmittelbarer Nähe zu Dom, Bahnhof und WDR.

Auch die Musikhochschule war ja nur ein paar Gehminuten entfernt. Und so gehörten außer dem damaligen WDR-Intendanten Friedrich-Wilhelm von Sell und seinem Hauptabteilungsleiter Musik, Dr. Alfred Krings, sehr bald auch die späteren Direktoren der Hochschule für Musik und Tanz in Köln, der Sänger Franz Müller-Heuser und der Cellist Siegfried Palm, zu den engagierten Fürsprechern der Idee. Dabei kam dem WDR natürlich allein schon wegen der unsicheren Finanzierung ein besonderes Gewicht zu, denn die Kosten für einen reinen Konzertsaal mit allem drum und dran waren natürlich bei der Stadt Köln überhaupt nicht veranschlagt. Eine Realisierung ohne substanziellen Beitrag des WDR wäre somit undenkbar gewesen.

Die offene Finanzierungsfrage war dann wohl auch der Grund, weshalb die Bauverwaltung zunächst die Konzertsaal-Idee nicht aufgriff und in ihrer Sprachregelung stets den Begriff »Mehrzwecksaal« verwandte. Die Entscheidung für einen Konzertsaal bedeutete ja nicht, dass der Saal zwangsläufig nur für Konzerte geeignet sein und mit ansteigenden Sitzreihen ausgestattet werden müsste. Wir Architekten wollten dies allerdings unbedingt erreichen und schrieben daher in allen Vorgängen und natürlich auch in unseren Plänen statt »Mehrzwecksaal« mit schöner Regelmäßigkeit und einer gewissen Penetranz immer »Wallraf-Richartz-Museum unD Museum Ludwig mit und *Konzertsaal*«.

Unabhängig von der großen Museumsplanung kreierten wir einen separaten Vorgang, in Gestalt einer übersichtlichen Broschüre, um den Konzertsaal als mögliches eigenständiges Projekt im Bewusstsein unserer Auftraggeber zu verankern – sehr zum Missfallen des Generaldirektors der Kölner Museen, der natürlich sehr schnell erkannte, dass dieser Bereich dann seinem Einfluss entzogen würde.

Durch die allmähliche Entwicklung des großen Mehrzwecksaals zur Kölner Philharmonie ergab sich eine Fülle programmatischer und bautechnischer Fragen, um die Philharmonienutzung in ihrer Eigengesetzlichkeit mit dem Museum sowohl zu verbinden, als auch von ihm abzugrenzen, und um dem Thema »Bildende Kunst und Musik unter einem Dach« gerecht zu werden. Es bestand und besteht dabei die einmalige Chance, bei besonderen Veranstaltungen eine gemeinsame Nutzung erlebbar zu machen, was inzwischen mehrfach geglückt ist – wenngleich leider nur in Ausnahmefällen. Im guten Einvernehmen sowohl mit dem Leiter des Hochbauamtes, Franz Lammersen, als auch mit Christoph Brockhaus als Ansprechpartner wurden diese Fragen zunächst für die beiden Museen geklärt und in die Planung eingebracht, um dann im zweiten Schritt auf der politischen Ebene entschieden zu werden.

Ernst zu nehmende Argumente gegen einen Konzertsaal gab es von Leuten, die sich die Wettbewerbspläne genau angeschaut und dabei festgestellt hatten, dass der von uns gezeichnete Saal tatsächlich nicht die ausreichende Höhe haben würde. Wir handelten sofort und entfernten in den Plänen zunächst die Tiefgarage, die wir getreu den Anforderungen im Wettbewerbsverfahren auf der unteren Ebene angeordnet hatten. An ihrer statt entwarfen wir ein separates Parkhaus, das in ausreichender Größe unabhängig von

Museum und Konzertsaal gebaut werden konnte. In aller Eile bauten wir ein Innenraummodell aus Plastilin und Pappe mit der Konzeption einer im Saal sichtbar bleibenden Konstruktion, um das Raumvolumen den Erfordernissen eines Konzertsaals anzupassen. (Wenn wir von etwa zehn Kubikmetern Raumvolumen pro Person ausgingen, ergab dies bei 2100 Personen, Publikum und Orchester, gut 20.000 Kubikmeter Gesamtvolumen.)

Nun erwies es sich als wertvoll, dass wir bei den Arbeitskreis- und Ausschusssitzungen mitwirken konnten. Eine der ersten Entscheidungen des Sonderausschusses war der Auftrag an uns Architekten, ein Raumprogramm für einen Konzertsaal zu erstellen und diese Aufgabe gemeinsam mit den Sprechern der beiden großen Orchester und einem erfahrenen Raumakustiker zu bearbeiten – ein erster Schritt in die gewünschte Richtung. Zusammen mit Karl-Heinz Graner, mit dem wir schon beim Bau der Musikhochschule Köln gute Erfahrungen gemacht hatten, begaben wir uns an die Arbeit. Jetzt galt es, vor allem auch den kritischen Stimmen innerhalb des WDR sachlich angemessen zu begegnen.

Entscheidend für die bauliche Konzeption und die Akzeptanz seitens des WDR war dann eine Reise, die wir gemeinsam mit Graner – und mit unserem Modell im Koffer – nach München zum Rundfunktechnischen Institut unternahmen. Dort bestätigte man zwar beim Blick auf das Modell, dass das Raumvolumen ausreichend zu sein schien und auch die Aufrissform als ein annäherndes Rotationsellipsoid (Eiform) ein brauchbares Ergebnis erwarten ließ.

Andererseits wurden wir mit dem Argument konfrontiert, das Thema der sogenannten seitlichen Reflexionen sei völlig unbefriedigend behandelt und das Konzept als solches daher kritisch zu bewerten. In eine auch dem Laien verständliche Sprache übersetzt bedeutet dies, dass jeder Zuhörer im Saal entweder links oder rechts von sich in einer Entfernung von höchstens zehn Metern eine Fläche haben muss, die den Schall zu ihm hin reflektiert. Das ist auch der Grund, warum es seit dem 19. Jahrhundert in ständiger Wiederholung immer so genannte Schuhschachtel-Entwürfe für Konzertsäle gibt, wo das Thema der seitlichen Reflexionen durch die relativ schmale, in die Länge sich erstreckende Raumform meist unproblematisch gelöst ist, weil der Raum eine gewisse Breite nicht überschreitet. Wir hatten uns jedoch bei unserem Konzept an der Grundform des griechischen Theaters orientiert, die wohl ideal für Sprechakustik ist, aber nicht unbedingt

 Philharmonie – die Menschen bilden den Raum

für Musik. Wir hatten diese Grundform auch deshalb gewählt, um die Gliederung des Zuhörerbereichs durch »Weinbergterrassen«, wie in der unvergleichlichen Berliner Philharmonie, auch nicht annähernd nachzuahmen, wie es in vielen Konzertsälen inzwischen geschehen ist.

Doch die akustische Kritik mussten wir akzeptieren, ohne gleich die von uns favorisierte Grundform aufzugeben. Anstatt zu argumentieren baten wir zur Verblüffung der kritischen Gesprächspartner um etwas Pappe und eine Schere. Jetzt stellte sich heraus, wie glücklich die Entscheidung gewesen war, den Saalboden aus Plastilin zu bauen. Wir schneiderten zwei Pappstreifen und drückten diese in leicht gebogener Form in der Weise in die Saalschale, dass auch im Saalinneren der gewünschte seitliche Abstand für die Hörer im mittleren Bereich des Saales gegeben war. Die für die Kölner Philharmonie typische Grundrissform war gefunden! Diese Konzeption wurde als fast ideales Konzept gutgeheißen, unter der Voraussetzung, dass wir diese seitlichen Reflexionswände hoch genug machen würden, was dann auch geschah. Wir konnten beruhigt nach Hause fahren, und auch Graner war zufriedengestellt. Den sachverständigen Kritikern im WDR war der Wind aus den Segeln genommen – und von da an arbeiteten sie begeistert und konstruktiv mit.

Doch auch nach dem positiven Votum des Chefakustikers beim WDR, Dr. Leo Danilenko, verbunden mit einer beträchtlichen finanziellen Beteiligung am Gesamtprojekt, verlief die Verwandlung des Mehrzwecksaals in einen Konzertsaal nicht so reibungslos und schnell, wie dies aus der Schilderung der Ereignisse scheinen mag. Wie so oft bei großen und komplexen Projekten laufen viele Vorgänge parallel. So fiel die definitive Entscheidung für einen reinen Konzertsaal erst zu einem schon fortgeschrittenen Zeitpunkt der Vorentwurfsplanung. In der Folgezeit wurde dann der Konzertsaal innerhalb des großen Museumsprojekts tatsächlich zu einem eigenständigen Vorhaben. Dieser Entschluss konnte natürlich für uns Planer auch nicht von heute auf morgen umgesetzt werden. Das hing damit zusammen, dass wir lange nicht von unserer Idealvorstellung ablassen wollten, wodurch der enge Zusammenhang zwischen bildender Kunst und Musik für die Besucher von Museum und Konzertsaal erlebbar gemacht werden sollte. Wir träumten zum Beispiel davon, das Hören von Musik angesichts von Bildern zu ermöglichen, oder auch die Zugänge zum Konzertsaal in enger Verflechtung mit den inneren Wegen des Museums zu konzipieren.

Viele durch den Einsturz des Stadtarchivs vernichtete Zeichnungen dieser Entwurfsphase könnten ausweisen, wie intensiv wir uns mit diesen Fragen auseinandersetzten, bis wir dann doch die Realität der notwendigen strikten Trennung beider Bereiche – Museen und Konzertsaal – akzeptieren mussten. Im Ergebnis wurde die Eingangshalle des Museums auf der oberen Ebene der Domplatte erschlossen, während das Foyer des Konzertsaals auf der unteren, der Ebene des Alter Markt an der Bischofsgartenstraße betreten wird.

Diese Morphologie des Planungsprozesses ist der Grund, warum der Eingang zur Kölner Philharmonie relativ untergeordnet erscheint, im Gegensatz zu anderen Konzertsaal-Konzeptionen dieser Zeit.

Geistiger Motor, besser noch: Mentor seitens des WDR war besagter Alfred Krings, der sich sehr oft Zeit nahm, mit uns die programmatisch neue Aufgabe »Konzertsaal« inhaltlich zu definieren. Ihm war wichtig, dass nicht nur die Sinfonie der Klassik und des 19. Jahrhunderts, sondern auch die Musik unserer Zeit darin angemessen erklingen sollten. Er wünschte sich, der Saal möge auch für Kammermusik die so wichtige intime Atmosphäre haben. Oft lud er uns spontan ins Café im Erdgeschoss seiner Diensträume in der Straße am Hof ein. Hauptmerkmale seines Arbeitszimmers waren ein großer Flügel und der Blick über den Roncalliplatz auf die hinreißende Südfassade des Kölner Doms. Leider starb Krings so früh, dass er die Erfüllung seiner Wünsche nicht mehr erleben konnte, wie etwa die vielen Streichquartette, die seither in der Kölner Philharmonie erklungen sind. Er war für uns der eigentliche Bauherr des Konzertsaals der Kölner Philharmonie. Lange bevor Franz Xaver Ohnesorg – rund ein Jahr vor der Einweihung – Intendant wurde, entstand in einem der letzten Gespräche, die Krings mit uns führte, die Idee, mit Bernd Alois Zimmermanns »Requiem für einen jungen Dichter« die Konzerte des WDR in der Kölner Philharmonie zu eröffnen, um damit die Erinnerung an die Geschichte des Ortes, an Zerstörung und Tod wachzuhalten.

Bei der akustischen Ausarbeitung des Konzertsaals wurden die Reflektionen der Schallereignisse anhand eines Innenraummodells überprüft, das die Innenform in spiegelnden Flächen nachbildete, sodass man ihre Reflexionen testen und gegebenenfalls durch Veränderung der Neigung der Flächen korrigieren konnte. Daraus ergaben sich nicht nur die Neigungen der Flächen hinter dem Orchester, sondern auch jene der Balkone und aller anderen Flächen im Raum.

Die optimale Schallverteilung auf alle Plätze wird wesentlich von der massiven Betondecke bestimmt, die alle Schallereignisse ohne Verluste, also zu hundert Prozent in den Raum reflektiert. (Im Falle einer normalerweise eingebauten, abgehängten Decke würden circa zehn Prozent der Schallereignisse nicht reflektiert und damit für die Hörer verlorengehen.) Zum andern ergibt sie sich aus den nach hinten steiler ansteigenden Sitzreihen, wodurch auf jede Reihe ein bedeutend höherer Anteil an direktem Schall entfällt als bei

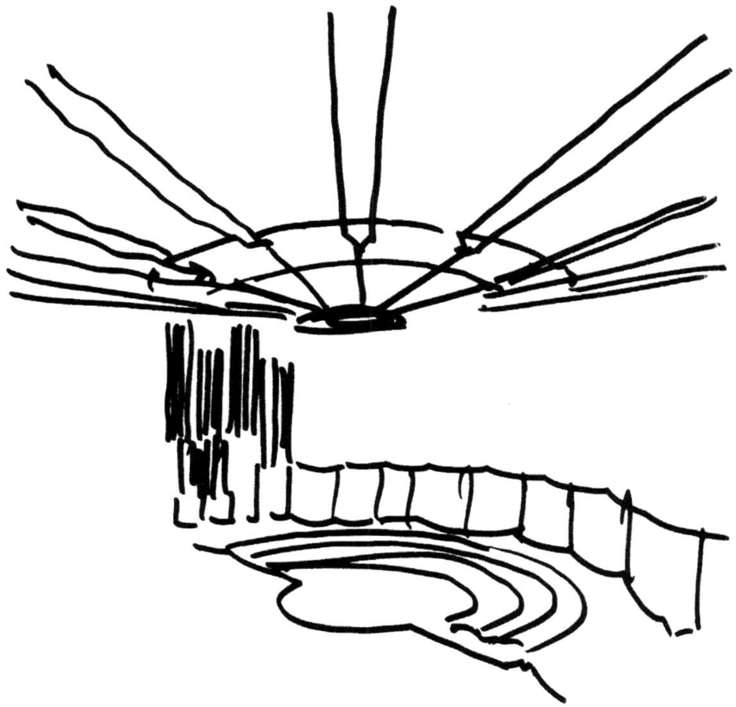

flach geneigten, hintereinander gestaffelten Saalreihen. Dies folgt notwendig aus der Tatsache, dass der Schall sich kugelförmig im Raum ausbreitet. Dadurch wurde bei dieser Saalform erreicht, dass man auf den hinteren Plätzen die Musik genauso laut hört wie in den mittleren Reihen.

Die Planung des zum Konzertsaal mutierenden Mehrzwecksaals war bereits weit fortgeschritten, als endlich die Entscheidung zum Einbau einer Orgel fiel. Anders als sonst in Kirchen und Konzertsälen üblich konnte hier die »Königin der Instrumente« nur als im Raum stehende »Rundum-Skulptur« konzipiert werden, wie es der Orgelbauer Hans Gerd Klais später ausdrückte. Dazu bedurften wir fachmännischer Unterstützung.

Ein Intendant oder gar Organist stand uns von Seiten der Stadt Köln noch nicht als Gesprächspartner zur Verfügung. Daher wandte sich Peter an Volker Hempfling, einen der beiden Domorganisten in Altenberg. Hempfling entwickelte gerade mit der Orgelbauwerkstatt Johannes Klais in Bonn die Disposition einer neuen großen Orgel im Altenberger Dom. So verabredeten wir ein Gespräch zu viert und trafen uns bald darauf an einem schönen Sommertag in Altenberg.

Hans Gerd Klais und sein enger Mitarbeiter Josef Schäfer hatten 1974 im restaurierten Dom zu Trier eine ähnliche Aufgabe mit Bravour bewältigt: die Entwicklung einer sozusagen frei im Raum schwebenden Orgel. Wir hatten uns den von den Bildhauern Theo Heiermann und Elmar Hillebrand mit Dekor versehenen Prospekt dieser Orgel in Trier angeschaut. Sie stand uns als Idealtypus vor Augen, als wir mit Klais und Schäfer über unsere Vorstellungen sprachen. Die beiden skizzierten vor unseren Augen eine Orgel, deren innerer Aufbau außen ablesbar sein und sich harmonisch in das Ganze des neuen Saals einfügen sollte: eine »klassische« mechanische, dreimanualige Orgel mit 70 Registern und Rückpositiv, dahinter der mechanische Spieltisch, über diesem das Hauptwerk und darin unsichtbar eingesenkt das Schwellwerk; das Hauptwerk flankiert von zwei Pedaltürmen, die großen hölzernen 32-Fuß-Pfeifen sichtbar direkt hinter dem Gehäuse stehend.

Bei diesem Arbeitstreffen hatten wir unser Modell zur Hand und modellierten sogleich die Form versuchsweise mit Plastilin aus. Da der Standort nur noch asymmetrisch möglich war, vom Publikum aus gesehen links, erfanden wir als Pendant auf der rechten Seite eine weit ausladende Wendeltreppe, als Verbindung vom Orchester zu den Chorplätzen, damit das Gesamtbild optisch im Gleichgewicht bliebe.

Den nach der durchgearbeiteten Planung ausgeschriebenen Wettbewerb unter bedeutenden europäischen Orgelbauern konnte die Orgelbauwerkstatt Klais für sich entscheiden und ging danach sofort an die Arbeit. Selbstverständlich wurde der Orgelkorpus genau im gleichen rötlich warmen Ton mit amerikanischer Eiche furniert wie die Wände des Konzertsaals.

Hinter vorgehaltener Hand kritisierten Kölner Architekten an dieser Planung des Konzertsaals, dass ein für die Stadt Köln so wichtiges Bauwerk städtebaulich von außen nicht wahrnehmbar sei. Es wies ja schließlich keine Fassaden auf! Solch ein wichtiges Gebäude müsste sich doch vielmehr unbedingt als architektonisches Highlight präsentieren. Auch bei dieser Kritik wurde außer Acht gelassen, dass genau eine solche exponierte Zurschaustellung an dieser zentralen Stelle, unmittelbar vor dem Dom und im Zusammenhang mit dem großen Museumsbau, eben weder möglich noch wünschenswert sein konnte.

Trotzdem gewann diese Kritik auch in der Stadtverwaltung zeitweise an Boden. Das war nicht ungefährlich, da die Kritik der Kollegen darauf zielte, einen reinen Konzertsaal an einer anderen prominenten Stelle der Stadt zu bauen und ihn damit aus dem Gesamtprojekt herauszulösen. Sie rechneten sich dadurch Chancen aus, selbst im Rahmen eines neuen Wettbewerbs mitmischen zu können. Die Mehrheit der Planungsbeteiligten begriff jedoch, dass der Standort in unmittelbarer Nähe zum Bahnhof für Konzertbesucher aus der Ferne und dem Umland unübertrefflich war, was sich ja inzwischen auch durch die Millionen Gäste der Kölner Philharmonie bestätigt hat.

Dass der Konzertsaal den vorgeschobenen Domhügel ausfüllt und von außen nur durch einen Ausgang von seinem oberen Umgang zu einer Freifläche in den Freianlagen sichtbar ist, passt ja in Wahrheit sehr gut zur unmittelbaren Nachbarschaft des Doms. Ein Musikwissenschaftler mit Schwerpunkt Mediävistik hat uns einmal die mittelalterliche Geisteshaltung an folgendem Beispiel erläutert:

»Auf einer mittelalterlichen Burg musste bei einer hohen schweren Tür das sehr große Türschloss ausgetauscht werden. Beim Öffnen des Schlossinneren entdeckte man eine wunderbare kostbare Intarsie, die bestimmt niemand seit hunderten von Jahren gesehen hatte. Wahrscheinlich hatten nur der Handwerker und sein damaliger Auftraggeber von diesem Schmuckstück gewusst. Nach ihrem Tod geriet dieses Geheimnis jedenfalls in Vergessenheit. Typisch für die mittelalterliche Geisteshaltung ist die Ausrichtung auf das Göttliche. In diesem Fall war die Schönheit und Kostbarkeit des Schlosses, das dank seiner Verborgenheit niemals sichtbar wurde, allein dem Göttlichen gewidmet und geweiht.«

Gleiches gilt für Bau und Gestaltung des Kölner Doms. Bis in seine höchsten Turmspitzen ist er überaus filigran gestaltet. Man kann diese Feinheiten im obersten Bereich aus der Fußgängerperspektive allenfalls noch erahnen. Aber sie sind ja eben auch nicht für den kleinen Menschen auf der Erde geschaffen, sondern für das Göttliche, das von oben auf den Dom herabblickt.

Über diese Aufklärung haben wir uns gefreut. Sie bestätigte uns, dass es an diesem Ort durchaus sinnvoll war, den Konzertsaal als Kostbarkeit im vorgeschobenen Domhügel zu verstecken. Hier sollte es nicht darum gehen, Schönheit äußerlich zur Schau zu stellen, so wie wir es heute oft gewohnt sind, um mehr zu scheinen als zu sein. Hier galt es vielmehr, Schönheit als Hinwendung zum Göttlichen zu erleben, bei dem das Wissen um sein Wirken im Verborgenen wichtiger ist, als eine rein äußerliche Attraktivität.

17 Die integrierte künstlerische Gestaltung im Innern

Der Begriff »Baukunst« kommt heute in Gesprächen über Architektur kaum noch vor. Stattdessen ist ständig von »Kunst am Bau« die Rede. Damit sind künstlerische Einzelstücke gemeint, die zur Verschönerung am fertigen Bauwerk angebracht werden, also lediglich Applikationen. Unter ›integrierter künstlerischer Gestaltung‹ verstehen wir etwas ganz anderes – nämlich die künstlerische Begleitung der architektonischen Gestalt im gesamten Verlauf ihres Entstehens. Dies ist jedes Mal von Neuem ein spannender Vorgang. Er kann nur gelingen, wenn am Anfang der Arbeit eine Idee steht. Und eine Idee, die wirklich diesen Namen verdient, kann man immer daran erkennen, dass ihr etwas

Lebendiges innewohnt. Das Wesen von Leben ist ja, dass es wiederum Leben erzeugt. Nicht in einem krampfhaften Bemühen um Lösungen kann sich die ideale Gestalt entfalten, sondern in der spielerischen Erprobung bei der gemeinsamen Arbeit, mit Fantasie und Mut.

Seit Beginn unserer Zusammenarbeit vor 45 Jahren entwickelten wir daher alle Entwürfe im Dialog. Zunächst versuchte jeder für sich, eine Idee für die architektonische Lösung zu finden oder mindestens wichtige Ansätze zu entwickeln. Die ersten Ergebnisse werden dann gemeinsam gewertet. Wir entscheiden, welche Ansätze zur Basis für die nächsten Schritte taugen. Dieses prozesshafte Vorgehen, eine Lösung für die Aufgabe zu finden, die alle sich aus der Arbeit herauskristallisierenden Teilideen in einer Gesamtlösung vereint, setzt Offenheit und Respekt für die Ideen des jeweils anderen voraus; aber auch Bescheidenheit und die Einsicht, dass man selbst nicht immer die besten Ideen hat und nicht immer genau weiß, wohin der Weg überhaupt führt.

Diese Geisteshaltung legt nahe und macht es zugleich möglich, von Anfang an Künstler in die architektonische Arbeit mit einzubeziehen. Wir teilen insofern nicht den Standpunkt vieler unserer Kollegen, die keinen anderen künstlerischen Anspruch neben sich dulden. Dem halten wir entgegen: Die Qualität einer Architektur zeichnet sich dadurch aus, dass sie sowohl im sinnlich-räumlichen Erlebnis wirkt, als auch durch die räumliche Konstellation der Zuordnung der Raumeinheiten zueinander, und schließlich im künstlerischen Ausdruck der Einzel- und Gesamteindrücke zur Geltung kommt. Das sinnfällig Nützliche kann dabei auch einen besonderen künstlerischen Ausdruck erfahren – wie zum Beispiel gestaltete technische Einbauten –, sodass das Ergebnis auf mehreren Ebenen Wirkung zeigt. Herausragende Architektur spricht daher den Menschen meist auf mehreren Ebenen an. Es ist für uns daher ein Qualitätsmaßstab der Architektur, inwieweit sie vielschichtig ist.

Genau diese Zusammenarbeit suchten und fanden wir zunächst für den Innenbereich von Museum und Konzertsaal mit dem Künstler Barna von Sartory. Später konnte für den Außenbereich der israelische Künstler Dani Karavan gewonnen werden.

Auf den aus Ungarn stammenden Barna von Sartory war Peter schon früh aufmerksam geworden, weil dieser wie wir ein entschiedener Gegner der »Kunst am Bau« war. Viel-

 Aufgang zur Bildenden Kunst von der Ebene des Foyers der Philharmonie

mehr hatte er zunächst in Österreich, dann in Berlin mit Architekten im Sinne einer, wie er es nannte, »integrierten künstlerischen Gestaltung« zusammengearbeitet. Dabei war die Grenze zwischen den Planungen der Architekten und seinen künstlerischen Ideen in der Realisierung nicht mehr klar auszumachen. Dem Gebäude insgesamt verhalf von Sartorys Kunst allerdings zu einer gesteigerten gestalterischen Wirkung, was natürlich nur durch eine intensive, von gegenseitigem Respekt getragene Zusammenarbeit möglich war. In diesem Geist – beginnend mit dem Konrad-Adenauer-Gymnasium in Bonn-Bad Godesberg – hat er bei vielen Projekten mitgearbeitet, besonders intensiv bei der Hochschule für Musik und Tanz Köln, die bis heute im Inneren seine Handschrift erkennen lässt.

Besonders fruchtbar wurde unsere Kooperation dann bei der Planung der Kölner Philharmonie. Sehr oft suchten wir bereits in der Konzeptionsphase seinen Rat, zuletzt noch kurz vor seinem Tod im Jahr 2000 beim Entwurf des Kammermusiksaals für die Philharmonie Essen, der praktisch in einem der letzten Gespräche zwischen ihm und Peter in Berlin geboren wurde.

Das Wirken von Barna von Sartory bleibt für uns untrennbar mit der Gestaltwerdung des Museums und vor allem der Kölner Philharmonie verbunden, verkörperte er doch den heute so seltenen Typ des Künstlers, dem es nicht so sehr darauf ankommt, sein Ich identifizierbar herauszustellen, als vielmehr am *Ganzen* einer Gestalt mitzuwirken und dafür zu sorgen, dass dieses Werk *mit Kunst* geschieht. Für uns wurde von Sartory bald zum wichtigsten Dialogpartner in allen Fragen der Detailgestaltung. Während der gesamten Planungszeit erschien er regelmäßig bei uns, blieb dann für ein bis zwei Tage, nahm – oft ohne ausdrücklich dazu gebeten worden zu sein – an Detailbesprechungen teil, um dann immer wieder überraschend mit einem glänzenden Einfall das Thema zu klären oder zu bereichern.

Einer seiner plötzlichen Inspirationen verdankt die Decke der Philharmonie ihr unverwechselbares Erscheinungsbild. Bei einer Projektbesprechung, bei der es unter anderem auch um Lage, Form und Material des nur aus Gründen der Akustik für die Musiker notwendigen Reflexionsdecke über dem Orchester ging, fragte Barna von Sartory, ob man diese Fläche auch aus Glas gestalten könnte. Unser Raumakustiker Karl-Heinz Graner antwortete: »Natürlich, es muss nur schwer genug sein.« In warmen Farben und mit Licht erfüllt stand uns da sogleich das Bild der Sonne vor blauem Himmel vor Augen, samt ihren Strahlen an den Unterseiten der im Raum sichtbaren Stahlkonstruktionen, die dann schließlich ebenfalls mit handgefertigten, warm hinterleuchteten Glasziegeln gestaltet wurden.

18 Der weitere Planungsprozess

Wenn veränderte programmatische Vorgaben und Lösungen im Entwurf ineinandergreifen, führt dies fast zwangsläufig zu Umplanungen, deren Aufwand der Bauherr häufig übersehen möchte. Allerdings hatten wir während der langen Vorentwurfszeit und durch den Modellbau eines Tageslichtraums für das Museum eine solide Vertrauensbasis geschaffen. In unserem Modellraum fiel das Tages- und Kunstlicht durch das genau nach Norden ausgerichtete Oberlicht aus Viertelkreisbögen in den Raum, und die Reflektionen an einer konkaven und einer konvexen Deckenfläche sorgten für eine optimale Ausleuchtung. Weil wir dies an unserem Modellraum anschaulich demonstrieren konnten, waren sowohl die Museumsfachleute als auch die Laien aus dem Sonderausschuss des Rates leicht zu überzeugen, wodurch das Vertrauen in unsere Planung gestärkt wurde.

So waren bereits zu diesem Zeitpunkt die bautechnischen Anforderungen gut einschätzbar und der auf unser Drängen beauftragte Kostenplaner konnte einen recht genauen Kostenrahmen ermitteln, der im Wesentlichen bis zur Fertigstellung eingehalten wurde. Bei einem dermaßen großen kommunalen Bauvorhaben ist das äußerst ungewöhnlich, zumal im weiteren Verlauf durch Umplanung erhebliche Veränderungen im Innern vorgenommen werden mussten. Hierzu gehörte auch das Drehen des Konzertsaals um 180 Grad, um die räumlichen Ansprüche an das Foyer und die notwendigen Nebenräume für die Musiker schaffen zu können. (Das war möglich, weil der Saal im Grundriss wie ein Amphitheater auf der Kreisgeometrie entwickelt worden war.) Auch

Thema Treppe im Von der Heydt-Museum Wuppertal

galt es, die Gliederung der Museumsräume im Wallraf-Richartz-Museum und im Museum Ludwig anzupassen und ihre Verbindung miteinander durch eine neue Treppenhalle herzustellen, die als zentraler Ausstellungsraum erlebt werden sollte.

Durch diesen Überarbeitungsprozess, meist angestoßen von neuen programmatischen Erkenntnissen, war bis zum Ende der Entwurfsplanung das zur Verfügung stehende Honorar aufgebraucht. Eines Tages flatterte Godfrid das Angebot eines Wirtschaftsberaters auf den Schreibtisch, der auf die Beratung vieler namhafter Architekturbüros verwies. Normalerweise landeten solche Angebote bei uns sofort im Papierkorb. Doch diesmal hatte Godfrid eine Intuition und dachte, es könnte ja nicht schaden, sich mit diesem Mann einmal zu unterhalten. Im Gespräch stellte sich sehr bald heraus, dass nach den Erfahrungen dieses Beraters die Aufzehrung des Honorars bereits in den ersten Planungsphasen bei einem so großen Projekt ein Warnsignal für eine existenzbedrohende Situation darstellte! Gerade bei solchen Projekten konnte das Honorar allein für die Ausführungsplanung niemals auskömmlich sein. Und wir hatten nur noch diese Leistung und die künstlerische Oberleitung in Auftrag, da ja die Bauleitung an von Waldegg-Grützmacher vergeben worden war.

Godfrid begab sich daraufhin gemeinsam mit dem Wirtschaftsberater an den Nachvollzug des Planungsprozesses. Dabei stellte sich heraus, dass einige Zusatzleistungen, jedoch auch viele Planungsänderungen ausgeführt worden waren, die wir nicht zu vertreten hatten. Hierfür mussten wir eine zusätzliche Vergütung verlangen. Wir machten uns an die Arbeit und listeten minutiös all diese Zusatzleistungen auf, um der Stadt Köln unsere Nachforderung präsentieren zu können. Die Stadt war darüber verständlicherweise nicht beglückt. Obwohl die von uns aufgelisteten Vorgänge unbestreitbar waren und auch nicht bestritten wurden, gab es leider in unserem Vertrag den üblichen Passus, dass auf Zusatzvergütungen kein Anspruch bestünde, wenn deren Vergütung nicht vor Beginn der Tätigkeit ausdrücklich schriftlich vereinbart worden sei. Wir konnten allerdings nachweisen, dass wir in vielen Einzelfällen zeitgerecht Zusatzvergütungen beantragt hatten. Unsere Anträge waren aber in fast allen Fällen verschleppt worden, in Einzelfällen um bis zu zwei Jahre, sodass wir gezwungen waren, die Leistungen auch ohne Vereinbarung zu erbringen. Andernfalls wären kostenträchtige Behinderungen bei der

Durchführung des Projektes entstanden. Immerhin konnten wir uns mit der Stadt darauf einigen, ohne Auswirkungen auf die gute Zusammenarbeit in der Sache, das Projekt gemeinsam zur Reife zu bringen, obwohl wir leider nach zwei Jahren vergeblichen Verhandelns bei Gericht klagen mussten. Diese Auseinandersetzung belastete Peter psychisch so sehr, dass er krank wurde und für ein Vierteljahr ausfiel. So musste Godfrid beim Richtfest 1983 die Rede der Architekten halten, in der er die Hoffnung andeutete, bald zu einer Einigung über diese finanziellen Differenzen zu kommen.

Hätten wir einen Prozess über diese Frage gewonnen? Wir wissen es nicht. Als sich unsere wirtschaftliche Situation während des Ausbaus des Dom-Rhein-Projektes wie erwartet zuspitzte, kamen wir auf die Idee, unsere Lage in allen finanziellen Details vor der Stadt Köln offenzulegen. Dabei wurde deutlich, dass wir das Projekt bis zu seiner Fertigstellung nicht würden durchstehen können. So erkannte die Stadt, dass unsere Insolvenz und der Ausfall unseres Engagements in dieser Endphase des Projektes mit Sicherheit einen wesentlich höheren Schaden nach sich ziehen würde, als eine Übereinkunft mit uns über eine Mehrvergütung an der untersten Grenze. Zu dieser Einigung kam es dann tatsächlich noch vor der Einweihung 1986. Hätten wir diesen Prozess jedoch nicht zeitgerecht eingefädelt, dann wären wir fraglos gescheitert.

Natürlich gab es auch Planungsänderungen, die wir im eigenen Interesse als Verbesserungen unseres Konzepts betrieben und deren Aufwand wir selbst zu tragen hatten. Eine davon war die Drehung des Konzertsaals um 180 Grad. Die Idee dazu hatte unser Projektleiter Ulrich Kuhn. Godfrid weilte gerade zu seinem Jahresurlaub in Italien. Die Möglichkeit zu dieser Maßnahme ergab sich erst, nachdem die direkte räumliche Verbindung zum Museum aufgegeben worden war. Da die Entscheidung aber keinen Aufschub duldete, Godfrid jedoch die Lage und Geometrie des Saals wesentlich bestimmt hatte, flog Peter für zwei Tage an seinen Urlaubsort, um die gestalterischen und funktionellen Konsequenzen gemeinsam mit ihm zeichnerisch zu klären. Durch diese Drehung ergaben sich ungewöhnliche Hauptzugänge, fast unmittelbar neben dem Podium, sodass der Besucher mit Blick auf die Gesichter im Zuschauerrund den Saal betritt. Da die Drehung jedoch die spiralförmige Bewegung im Raum bereichert, sowohl innerhalb des Foyers als auch im Saal selbst, und da sie zudem viele Vorteile für die an den Saal anschließenden Räume bietet, entschieden wir uns bei diesem ungewöhnlichen Treffen sehr schnell für diese Lösung. Eine zweite Veränderung ergab sich relativ spät bei der Gestaltung der Treppenauf- und -abgänge in der Haupthalle des Museums. Sie wurden schließlich so geschickt in der Mitte der Treppenhalle angeordnet, dass in der Bewegung durch den Raum dieser nach beiden Seiten als vollwertiger Ausstellungsraum zur Wirkung kommt.

Beim Ausarbeiten des Projekts im Detail begleitete und ermunterte uns die Idee »Architektur ist Musik des Raumes«, in Abwandlung eines Schopenhauer zugeschriebenen Ausspruchs: »Architektur ist gefrorene Musik«. Diese Idee liegt nahe, erklingt doch – heute fast täglich – die Mitte des Baukörpers als wohlgestimmtes Instrument. Eine vielschichtige, vielstimmige Musik schwebte uns dabei vor, die in ihrem räumlichen Erlebnis bewegend ist, vom Ankommen im Foyer bis zur durchgängig begehbaren, kreisrunden Saalform.

Welches sind die Themen dieser Musik? Zunächst ideell: der homogen fließende Bewegungsraum, wie zum Beispiel im oberen Umgang des Konzertsaals mit seinen Sitznischen und seinem Ausgang auf eine Freifläche im Rheingarten. Hierdurch ist der Saalbereich mit seinem Foyer räumlich fließend verbunden. Dann der konzentrierend wirkende Raum, die ruhige, von Einbauten ungestörte Wand, im Museum als Hintergrund für die Bilder, der großzügige Einblick von draußen, der gezielte Ausblick von drinnen.

Die formalen Themen sind: der Viertelkreisbogen, rhythmisch variierte Bauteile, Profilierung durch Schattenkanten, Stufen, Abstufungen. Diese Themen stammen vom Ort, vom Dom und seiner Hügellage: der gotische Spitzbogen und die Strebebögen, ihre serielle Ordnung, das Profil der Strebepfeiler und das dadurch erreichte Transzendieren der Baumasse.

Das Thema der gotischen Architektur, vor allem am Domchor, ist die zum Himmel strebende, aufgelöste Form. Durch das stark Gegliederte der Bauteile im Detail verschwindet das Kubische aus der Nähe fast und erscheint nur von fern in seiner Gesamtwirkung. Die unmittelbare Nachbarschaft zum Domchor war die Quelle für unsere Variationen dazu, weil auch für uns das Thema lautete, die enorme Baumasse durch Gliederung kleiner erscheinen zu lassen als sie wirklich ist. Dabei versuchten wir, das Archetypische der baulichen Vorbilder aufzugreifen. Der Viertelkreisbogen mit anschließender Schrägverglasung bestimmt nun die in Schwingung gebrachte Dachlandschaft, die den Domchor von Weitem einrahmt. Entsprechend gibt es in den Oberlichtsälen einen fließenden Übergang von Wand und Decke. Der nach außen gewölbte Viertelkreis als Hohlform setzt die Wand fort. Die Schrägverglasung verbindet sich mit einem nach innen gewölbten Viertelkreis. Beide Viertelkreise bilden mit der Schrägverglasung eine rhythmische Einheit, die sich räumlich auswirkt, als würde das ungefilterte Tageslicht in den Raum hineingedreht. Durch den rötlichen Tonplattenboden und das ockerfarbene Hirnholzpflaster wird das Nordlicht in der Reflektion warmtoniger und das Tageslicht wirkt vitaler, was sich unmittelbar auf die Bilder überträgt.

Die Abstufungen im Innern sind nicht nur an den Deckenrändern sichtbar und daran, wie der Geländerpfosten ausgebildet ist, sondern setzen sich auch in den Farben fort: in den zwanzig abgestuften Blautönen der als Himmel wirkenden Konzertsaaldecke und dem in Dunkelrot und Ockertönen abgestuften Stoff des Stuhls, der mit Barna von Sartory eigens für den Konzertsaal entwickelt wurde.

Für die Gestalt der Baumasse von draußen und in der Silhouette sind die Oberlichtsäle bestimmend, in der Art, wie ihr gekrümmtes Dach nahtlos in die senkrechte Wand übergeht, im einheitlichen Material Titanzink, mit seinen stark profilierten Fugen als

Schattenkanten. Stufen als gliederndes Element kommen auch als rhythmisches Element des vorgeschobenen Domhügels vor: bei der großen Freitreppe mit angefügter Rampenanlage, die von unten betrachtet in ihren Stufenkanten wie ein umgeklapptes Schattenbild der beiden Domtürme wirkt.

Doch nicht nur gestalterische und finanzielle Schwierigkeiten galt es zu meistern. Die Zusammenstellung eines Teams von fünfunddreißig Mitarbeitern in der Phase der Ausführungsplanung war eine große Herausforderung; und ebenso die notwendige Reduzierung dieser leistungsfähigen Mitarbeiterschaft nach der Fertigstellung, weil kaum Anschlussaufträge vorhanden waren. Für einige Jahre hatten wir alle unsere Kräfte so ausschließlich in das Dom-Rhein-Projekt gesteckt, sodass uns während der Planung die Kraft fehlte, uns hinreichend um Aufträge für neue Projekte zu kümmern.

19 Das gewählte Material

Beim Ideenwettbewerb hatten wir uns in Fragen der Materialauswahl noch sehr zurückgehalten. Fest stand nur, dass für große Teile des Gebäudes ein Material gefunden werden musste, das sowohl als Bedeckung der abgerundeten Sheds als auch für die davon formal abhängigen großen Wandflächen geeignet war. Nachdem der zunächst hierfür vorgesehene Schiefer verworfen werden musste, vor allem aus Sicherheitsbedenken wegen des Windes, kam nur noch Metall infrage. Kupfer schied aus, da seine grünliche Patinierung kaum vermeidbar, aber unerwünscht war und zudem durch Reflektionen von den Oberlichtfenstern in die Museumsräume gestört hätte. So blieben nur noch Blei oder Zink übrig. Beide Materialien wurden am Musterhaus getestet, und obwohl die Architekten in Übereinstimmung mit dem Dombaumeister Blei bevorzugten, fiel die Entscheidung vor allem aus Kostengründen dann doch für Zink, und zwar in veredelter Form als Titanzink. Bei einwandfreier handwerklicher Verarbeitung wurde vom Hersteller eine Mindesthaltbarkeit von 50 Jahren garantiert. In den seit Fertigstellung vergangenen 25 Jahren gab es noch keine nennenswerten Schäden und Reparaturen, was einerseits auf sorgfältige Detailarbeit, aber auch auf die hervorragende Bauleitung und die professionelle Durchführung durch die Handwerksbetriebe zurückzuführen ist.

Eine Schwachstelle gibt es bei der Fassadenverkleidung aber leider doch, nämlich an der Nordseite des Restaurierungsgebäudes, wo die Zinkflächen durch Flugrost aus dem Bahnbereich ›infiziert‹ werden. Dem könnte man durch sachgemäße Reinigung begegnen, was aber leider nicht geschieht. Schon einige Jahre nach der Fertigstellung haben wir erstmals auf diesen Umstand hingewiesen und dann noch mehrfach daran erinnert, doch bis heute ohne jeden Erfolg. Statt der paar tausend Euro Reinigungskosten, die man hier einsetzen müsste, nimmt man lieber einen Schaden in Millionenhöhe in Kauf, der hier in absehbarer Zeit eintreten muss! Leider ist dies symptomatisch für die bedauernswerte Haltung der Stadt. Statt nötige Rückstellungen für Bauunterhaltung, Reparaturen und ähnliches zu bilden, wird alles Geld im laufenden Haushalt »verbraten«. Nur das Allernötigste wird getan, bis es dann – wie jüngst noch beim Kölner Schauspielhaus – so weit gekommen ist, dass man ernsthaft Pläne zum Abriss und Neubau an Stelle von Sanierung verfolgte, bis schließlich die Bürgerinitiative »Mut zu Kultur« dies durchkreuzte.

Die Entscheidung für Titanzink halten wir auch im Rückblick noch für richtig, obwohl dieses Material nicht zu unserer ursprünglichen Intention passte. Die materialbedingt kantige Verarbeitung – im Gegensatz zur weichen und runden Formbarkeit von Blei – entspricht nämlich viel eher der gesamten Tektonik des Gebäudes und harmoniert ideal mit allen übrigen Details.

Außer den typischen Oberlichtern in Viertelkreisform, die formal in direkter Beziehung zu den gotischen Formen der Kathedrale stehen, heißt das zweite beherrschende formale Element, welches das Ganze und die Details durchdringt: *Stufen*. Wer das Gebäude daraufhin außen und innen aufmerksam betrachtet, wird dies bestätigt finden, im großen Stil natürlich in der Treppenanlage vom Rheinufer zum Heinrich-Böll-Platz, sodann in den ansteigenden Sitzreihen der Philharmonie. Auch der Gedanke an die nicht mehr existierende Kirche östlich vom Domchor, Maria ad Gradus (Maria zu den Stufen) drängt sich auf, natürlich im Zusammenhang mit dem vielstufig ansteigenden Weg der Pilger vom Rhein zum Dom. Dani Karavan hat dieses Thema aufgegriffen und seinem Werk einen hierauf verweisenden Namen gegeben: Das hebräische Wort Ma‘alot lässt sich ins Deutsche auch mit ›Stufen‹ übersetzen. Und im Inneren des Gebäudes, vor allem im Konzertsaal der Philharmonie, hat Barna von Sartory das Thema in unzähligen Details variiert.

Als Architekten empfanden wir die seinerzeitige Postmoderne-Welle in der europäischen Architektur als kurzlebigen Modetrend. Ein herausragendes Beispiel hierfür ist das zeitgleich mit dem Dom-Rhein-Projekt entstandene Museum Abteiberg in Mönchengladbach. Wir hingegen bemühten uns in erster Linie darum, das riesige Bauvolumen durch großmaßstäblich-rhythmische Gliederungen und eine durchgängige gestalterische Sprache und Homogenität der verwendeten Materialien in allen Details zu bewältigen.

Unser Ziel, für das gesamte Projekt im Äußeren nicht mehr als *drei* Materialien zu verwenden, konnten wir erreichen. Es sind besagtes *Titanzink* für das Dach und jene Wandflächen, die im Zusammenhang mit den Dächern stehen, sowie für die Abdeckung der Fassadenprofile; *Glas* für alle transparenten Flächen; und schließlich *Ziegelmauerwerk,* wobei dieses Material auch den größten Teil der Freiflächen bedeckt, dort im Zusammenhang mit Granit an hierfür besonders geeigneten Stellen, wie zum Beispiel

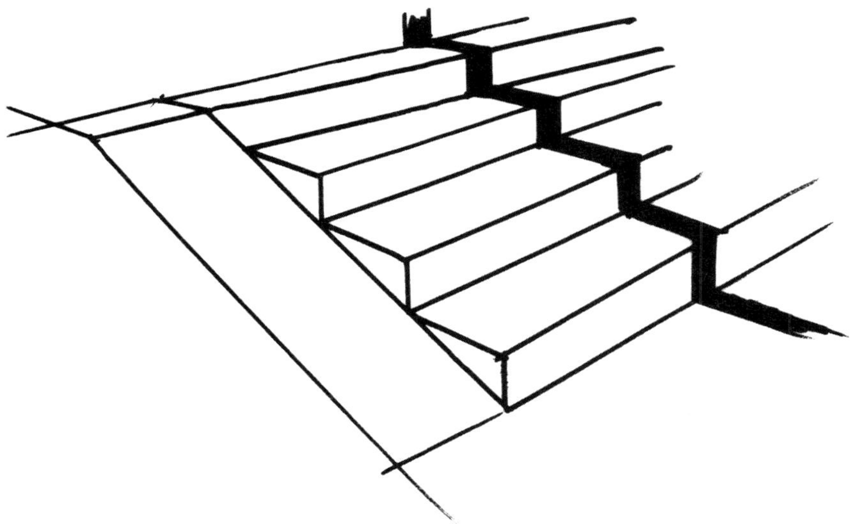

Stufeneinfassungen. (Die verwendeten Ziegel haben übrigens ein Sonderformat; wir ließen sie passend zu unserem Grundmodul von 90 cm herstellen.)

Als Alternative zum Ziegelmaterial wäre für uns nur Naturstein als Haustein infrage gekommen, also keinesfalls die von uns verabscheute, wenngleich sehr verbreitete tapetenartige Verkleidung mit dünnen Natursteinplatten. Sie verbot sich allein schon aus geometrischen, vor allem aber aus Kostengründen. Unseren Respekt gegenüber der ›Persönlichkeit‹ des Doms und seinen Natursteinmaterialien haben wir indirekt dadurch zum Ausdruck gebracht, dass wir uns scheuten, für das große Projekt Naturstein zu wählen, um damit etwa die Größe des Doms zu relativieren. (So geschehen beim Neubau des Römisch-Germanischen Museums.) Ein ganz wesentliches Motiv bei der Wahl des roten Ziegels war für uns das von ihm reflektierte Licht, das wiederum auf das ganz ähnlich gefärbte Licht in italienischen Städten verweist. Köln ist schließlich eine römische Stadtgründung!

Wir empfanden es als folgrichtig, dass überall dort, wo sich – von den Außenräumen kommend – der urbane Charakter spiegeln sollte, zum Beispiel in Eingangshalle, Restaurant und Foyer der Philharmonie, eben jenes Material eingesetzt werden sollte. In der großen Treppenhalle des Museums verwandten wir es dann in Gestalt italienischer Cotto-Fliesen auch am Boden und – angeregt durch das Beispiel von Rudolf Schwarz im alten Wallraf-Richartz-Museum – in der Mittelalter-Abteilung des neuen Wallraf-Richartz-Museums, die wir sozusagen als Museum im Museum für die unmittelbare Nachbarschaft des Domchors konzipierten.

Dies blieb leider eins der wenigen Beispiele, wo man seitens der Museen unsere Vorstellungen zur Präsentation der Kunstwerke im Neubau ernst nahm und ihnen folgte. In vielen anderen Fällen wurden unsere Vorschläge jedoch nicht aufgegriffen. So wurde der große Murillo-Saal für das Wallraf-Richartz-Museum zum ›Heldensaal‹ des Museums Ludwig. Das große Wandgemälde *Les plongeurs – Die Taucher* von Fernand Léger, für das wir eigens eine exakt auf die Maße dieses Kunstwerks angepasste Wand in der Eingangshalle hatten bauen lassen, war lange Zeit heimatlos. Auch unser Standortvorschlag für die *Liegende* von Henry Moore auf der Piazetta vor dem rheinseitigen Ausgang der Kölner Philharmonie blieb ohne Resonanz.

Wenn wir über Materialien, Farben, Licht und Schatten im Raum sprechen, darf der Name eines Mannes nicht ungenannt bleiben, der zwar nicht persönlich bei der Planung mitwirkte, ohne dessen Einfluss auf unser ganzes Denken das Museum, die Philharmonie, die Plätze, ja auch der Rheingarten nicht ihre heutige Gestalt bekommen hätten: Hugo Kükelhaus. Er war Künstler im umfassendsten Sinne, nämlich zugleich als Handwerker, Philosoph, Pädagoge, Schriftsteller und noch manches mehr. Sein Lebensmotto lautete: »Durch die Sinne zum Sinn.« Sein Arbeitskreis, zu dessen Gründungsmitgliedern Peter gehörte, hieß *Organismus und Technik*. Hier wurde der Versuch unternommen, die immer raffiniertere Technik – auch im Bauen – in Übereinstimmung zu bringen mit den Bedürfnissen der menschlichen Organe, die ja bei allem Fortschritt noch die gleichen sind wie vor Jahrtausenden.

Einer der Kernsätze von Hugo Kükelhaus lautete: »Nicht das Auge sieht, nicht das Ohr hört, nicht die Hand handelt, nicht das Gehirn denkt und lernt, sondern der ganze Mensch ist es, der jeweils durch das entsprechende Organ sieht, hört, handelt, denkt, lernt.« (Zitiert bei Anne Barth: *Organismus und Technik*. Essen 1997.) Wer Kükelhaus und seine Botschaft kennt, wird viel davon spüren, wenn er das Dom-Rhein-Projekt und den Rheingarten durchwandert.

20 Die Gestaltung der Freianlagen

Um für den Platz in der »leeren Mitte« eine klare Form zu entwickeln, studierten wir auf einer unserer Museumsreisen durch Italien genau, wie dort die Plätze wirken, wo sie zur Stadt hin eingerahmt sind, jedoch an einer Seite den Blick ins tiefere Umland oder zum Meer hin freigeben. Wir besuchten gezielt solche Plätze, deren stadträumliche Umbauung an drei Seiten und mit einer Öffnung zur Landschaft hin unserer Situation zwischen Dom und Rhein vergleichbar war. Dabei fiel uns zu unserer Verwunderung auf, dass diese Plätze mit Blick in die tiefer liegende Landschaft oder ins Meer nicht etwa nach dorthin geneigt waren. Sie hatten vielmehr ein teils sogar starkes Gefälle zur Stadt hin! Der Grund dafür wurde uns an Ort und Stelle schnell klar. Nur so blieb ihre Wirkung *als Platz* erhalten. Die von der Aussichtskante zur Bebauung hin geneigte Fläche wirkte als Begrenzung des Platzes, quasi als Ersatz für die fehlende Bebauung. Solange man sich nämlich auf einem solchen Platz aufhält, hat man keinen Blick in die Landschaft oder ins Meer. Man fühlt sich eingerahmt, fast wie bei einem Platz, der an allen seinen vier Seiten umbaut ist.

Aus diesem Grunde waren wir glücklich, dass sich durch die bereits beschriebene Drehung des Konzertsaals für dessen Decke – das heißt die Unterseite des Heinrich-Böll-Platzes – genau dieser Effekt ergab. Der Zenit des Platzes an der Kante zum Rhein hin liegt etwa zwei Meter über dem Niveau der Domumgebung. Mit der kreisförmigen Bodenskulptur von Dani Karavan genau über dem Konzertsaalmittelpunkt entstand ein Freiluft-Podium. Die Neigung des Platzes ist überdies ideal für die Akustik des Saals. Da es dort keine abgehängte Decke gibt, übernimmt die massive Decke, die auch den Platz trägt, die optimale akustische Schallreflektion von oben im gesamten Saal. So ergänzen die räumlichen Ansprüche an den Platz und die akustischen Anforderungen an die Innenraumform des Konzertsaals einander in idealer Weise.

Der durch die direkte diagonale Verbindung zum Domumgang von uns geschaffene Domchorplatz musste Rücksicht nehmen auf den bestehenden Dionysoshof, der in seiner kleinräumlichen Isolation nach wie vor unbefriedigend geblieben ist, auch weil er das frühchristliche Baptisterium auf der Straßenebene hinter sich versteckt. (Dies soll in allernächster Zeit durch den Wegfall des Hofes und die Freilegung des Baptisteriums geändert werden.)

Die verkehrsberuhigte Bischofsgartenstraße konnte als Boulevard in Verlängerung der uralten römischen Hafengasse neben dem Römisch-Germanischen Museum ausgebildet werden, in dem die Vorfahrten auf harmlose Weise ausgebildet sind. Als Material der Freianlagen haben wir bewusst rötliche Ziegelsteine gewählt, um atmosphärisch mediterran wirkende Platz- und Boulevardflächen zu schaffen.

Mit dem Bau des großen Kulturzentrums ist im Herzen von Köln ein ›neues Stück Stadt‹, und mit ihm sind drei neue Plätze entstanden: der Heinrich-Böll-Platz über der Philharmonie, der Kurt-Hackenberg-Platz auf der Südseite des Museums zur Altstadt hin;

und der bis dahin noch namenlose Domchorplatz hinter dem Domherrenfriedhof. Wie ist es zu diesen Namen gekommen?

Am 16. Juli 1986, unmittelbar vor der Einweihung des Kulturzentrums im September, starb der Dichter Heinrich Böll, Nobelpreisträger und Ehrenbürger der Stadt Köln. Sofort setzte im Rat und in den Medien eine fieberhafte Suche nach einem passenden Platz ein, den man nach ihm benennen könnte. Dies blieb im ersten Anlauf erfolglos, da zunächst Umbenennungen vorgeschlagen wurden – zum Beispiel des Appellhofplatzes –, die auf Widerstand in der Bevölkerung stießen.

In dieser Situation rief die damalige Bürgermeisterin Gepa Maibaum (SPD) bei Peter an und fragte: » Hast Du nicht eine Idee?« Peter antwortete spontan: »Na, klar! Anstelle der Bechergasse südlich des Museumsneubaus ist doch de facto ein neuer Platz entstanden. Den könnt ihr nach Heinrich Böll nennen.« Ihre Antwort: »Fantastisch! – Dass ich da nicht selbst drauf gekommen bin!« Noch am gleichen Tag verkündete sie in ihrer Fraktion diese Idee, die aufgegriffen und umgehend im Rat beschlossen wurde.

Was Peter nicht ahnen konnte: Gepa Maibaum hatte nicht richtig hingehört! Sie verstand nur ›Museumsneubau‹ und dachte dabei an den damals noch nicht öffentlich zugänglichen Platz über der Philharmonie. Ein folgenreiches Missverständnis! Denn dieser Platz ist ja ein von Dani Karavan gestaltetes Gesamtkunstwerk, dem sein Schöpfer den Namen Ma'alot gegeben hatte. In seinem Katalog, der zur Einweihung am 14. September 1986 erschien, schreibt er: »Ich wollte in den großen Eisenring, den siebten Kreis, Worte, Sätze, Verse eingießen. Ich versuchte, Heinrich Böll zu treffen, vielleicht war er bereit etwas zu schreiben, oder konnte etwas vorschlagen. Einige Tage vor seinem Tod schrieb ich ihm einen Brief, um ein Treffen zu vereinbaren, aber das Schicksal ließ dieses Treffen nicht zustande kommen. Dann dachte ich daran, Zahlen oder die Gradeinteilung der vier Himmelsrichtungen einzuschreiben. Am Ende blieb nur noch die Zahl 45 (Grad), und auch sie wurde von der Komposition zurückgewiesen: Der Platz verlangte, unbeschriftet zu bleiben, ohne Zeichen oder Zahl, und daran hielt ich mich.

Der Stadtrat beschloss, dem Platz den Namen von Heinrich Böll zu geben. Obwohl mein Werk weder zu seiner Erinnerung noch für seinen Namen geschaffen wurde, hoffe ich sehr, dass er – gefragt – seine Zustimmung gegeben hätte.

Ich nenne dieses Werk *Ma'alot* = Schir ha Ma'alot = ein Aufstiegsgesang. So übersetzt Martin Buber den Anfang der Psalmen 120–134. Ma'alot ist im Hebräischen ein biblisches, ein archaisches Wort. Vom Verb ›aufsteigen‹ abstammend, umfasst es zum einen Stufe, Sprosse, Stiege, Terrasse, Tribüne oder Podium, oben im Unterschied zu unten, die Obere Welt.

Zum andern meint es vor allem in neuerer Zeit auch Steigung, Winkel, Kreisteilung, Längen- und Breitengrade. Es kann die Stufen oder Grade einer Sonnenuhr bezeichnen, einen Hinaufzug, eine Wallfahrt. Es bezeichnet ›menschliche Grade‹, positive Eigenschaften im Menschen, Vorzüge, Tugenden, Charakter.

Für die Documenta 6 in Kassel hatte ich 1977 ein Environment aus Stufen, einer gespaltenen Wand, einer Wasserlinie und einem Stab geschaffen, ein ›Environment aus natürlichem Material und Erinnerung‹. Wenn ich jetzt als Israeli, als in Israel geborener Jude, zwischen den fließenden Wassern des Rheins und der ruhenden Masse des Doms ein Kunstwerk hinterlasse als Teil eines neuen Kulturzentrums, kann ich es, selbst wenn ich wollte, nicht vermeiden, mit meinen Fingerspitzen durch die natürlichen Materialien hindurch zu tasten, und ich berühre Erinnerung.«

Es ist bezeichnend für den Menschen Dani Karavan, dass er schon bald nach der Entscheidung für den Namen Heinrich-Böll-Platz die Witwe des Dichters, Annemarie Böll, und zwei seiner Söhne einlud, mit ihm gemeinsam den Platz zu begehen, um ihre Reaktion auf die Ehrung auszuloten. Sie hätten bestimmt geäußert, was für uns so gut wie sicher war: Heinrich Böll hätte die Entscheidung niemals gutgeheißen, einen Ort in unmittelbarer Nachbarschaft des von ihm nicht nur kritisch kommentierten, sondern – analysiert man sein Werk – sogar ignorierten Doms nach ihm zu benennen, war dieser doch für ihn, ähnlich wie seinerzeit für Heinrich Heine, ein Symbol des verhassten, von Preußen den Deutschen eingepflanzten Nationalismus. Die eher mütterliche Ausstrahlung der romanischen Kirchen Kölns standen seinem Herzen näher als der patriarchalisch »herr-liche«, im neunzehnten Jahrhundert gebaute Teil des Doms.

Die unreflektiert-plötzliche, ja zufällige Entscheidung musste von uns hingenommen werden, als ein weiteres Zeichen der für Köln so typischen Widersprüchlichkeit. So müssen wir damit leben, dass der neue Platz im Herzen von Köln eigentlich zwei Namen hat.

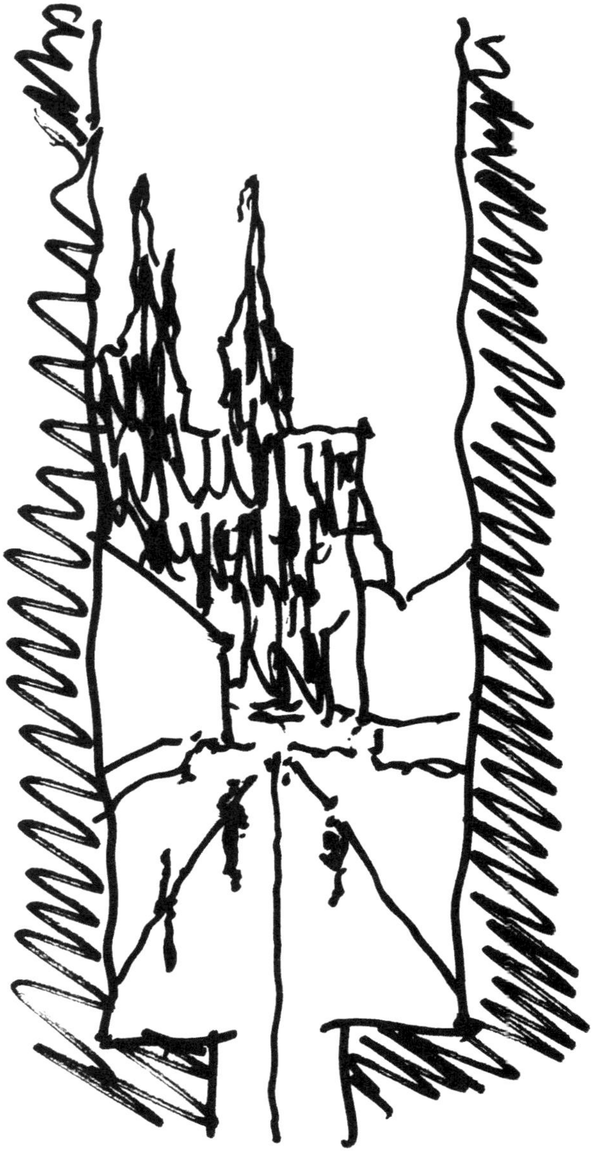

 Ma'alot – Blick nach Westen

Daraus folgte: Der ursprünglich von uns Heinrich Böll zugedachte Platz zwischen Museum Ludwig und Brügelmannhaus blieb zunächst namenlos. Schon bald nach der Einweihung stellten wir Architekten den Antrag an die zuständige Bezirksvertretung Innenstadt, diesen Platz nach dem eigentlichen geistigen Vater des neuen Kulturzentrums »Kurt-Hackenberg-Platz« zu nennen. Unser Antrag wurde im Rat positiv entschieden.

21 Lebendige Geometrie – Ma'alot

Franz Lammersen hat Dani Karavan für uns entdeckt. Die Begegnung mit diesem Künstler war ein Glücksfall. Wir lernten ihn kennen, als der Entwurf der Freianlagen sich gerade in einer kritischen Phase befand. Während die Architektur des Gebäudes und das Projekt der Gesamtanlage im Großen und Ganzen anhand von Plänen und Modellen geklärt werden konnten, hatten alle Planungsbeteiligten das Gefühl, dass für die Topographie des Heinrich-Böll-Platzes mit den angrenzenden Passagen und Freitreppen noch keine befriedigende Lösung gefunden war. Vor allem wir Architekten spürten: Die Gestaltung des Museumsplatzes war allein mit Skulpturen im klassischen Sinn nicht zu bewältigen. Zudem erkannten wir einen Bruch zwischen der Architektur der platzbegrenzenden Baukörper und dem zu dieser Zeit organischen Linienspiel des vorgeschobenen Domhügels.

Dani Karavan begann die Zusammenarbeit mit dem Kurator Christoph Brockhaus und uns ohne vorgefasste Formvorstellung. Er registrierte zunächst einmal wie ein Seismograph die Bauidee mit allen ihren vielfältigen Elementen und verinnerlichte sich in ungezählten Gesprächen die facettenreiche Morphologie des Entwurfes. Im lebendigen Zugriff seiner schnell wandernden Augen erfasste er die an diesem Ort in der Stadt Köln zusammenlaufenden Beziehungen, wozu konkrete Blickbeziehungen genauso gehörten wie die Nachbarschaft zum stählernen Gleiskörper der Bahn, und insbesondere natürlich die Geschichte des Ortes, gipfelnd in den Spitzen der Domtürme, die Karavan bald ebenso in in ihren Bann zogen wie jeden alteingesessenen Kölner.

Auf diese Weise tat er zunächst einmal das Wichtigste: Er öffnete uns erneut die Augen für den Wert der von uns selbst geschaffenen Architektur. Er ermunterte uns, deren Elemente aufzugreifen, zum Beispiel durch Weiterführen der markanten Linien der Fassadengeometrie im 90-cm-Rhythmus über die Platzflächen, wodurch die den Platz begrenzenden Baukörper zusammengebunden wurden; oder durch Sichtbarmachen des darunterliegenden Mittelpunkts des Konzertsaal und seiner genau diagonal verlaufenden Mittelachse. An deren Schnittpunkt mit der Achse der Passage vom Dom zum Rhein entwickelt sich das markante vertikale Element. Aus solch einfachen Gedanken ergaben sich die skulpturalen Elemente des Platzes, wie auch die aus Granit- und Gusseisenringen gefügte Scheibe über dem Saalmittelpunkt, als organische Teile der Architektur, da sie deren Grundgliederung übernahmen. Die Höhe von 10,80 m der vertikalen Skulptur entspricht dem Konstuktionsraster, unterteilt in sechs Stufen zu je 1,80 m, dem von uns gewählten Grundmaß des Projekts als Maß des Menschen.

Wann immer ein Problem im Raum stand: Dani war zur Stelle. »Ich liebe Schwierigkeiten,« sagte er einmal, »sie bringen mich auf den Weg zur richtigen Form.« So entstand aus der Problematik der Platzentwässerung die unverwechselbare und stimmige Lösung für den Platzmittelpunkt. Oft kletterte er unerwartet aus dem Flugzeug, mit untrüglichem Instinkt für die Notwendigkeit seiner Präsenz in diesem Moment der Arbeit.

Der Reifeprozess selbst wurde so zum untrennbaren Bestandteil des schließlich entstandenen, nahtlos in die Architektur integrierten Kunstwerks. Das Zauberwort, das in allem wirkte, hieß *Dialog*. Dani sprach mit jedem, der in irgendeiner Beziehung zur Aufgabe stand, ganz gleich, ob es sich um ein Ratsmitglied handelte oder um den Arbeiter, der Pflastersteine setzte oder beim Eisenguss schwitzte. Diese Dialoge förderten bei seinen Gesprächspartnern jene Motivation und Sorgfalt, die unabdingbare Voraussetzung für die vom Künstler geforderte Präzision in der Ausführung sind. Betrachten wir den Weg von den ersten mit Dani Karavan entwickelten Ideen und Modellen (1979) bis zur endgültigen Konzeption und zum 1986 fertiggestellten Werk, so wird deutlich, dass es ihm gelang, das Wesentliche der ursprünglichen Idee herauszuarbeiten. Alles Überflüssige verschwand im Laufe der Zeit.

Das Kreissegment von Ma'alot über dem Orchesterpodium der Philharmonie

Seine visionäre Kraft garantierte, dass die so gewonnene Einfachheit in keinem Augenblick trivial zu werden drohte. Immer wieder wurde die Aufgabe im wörtlichen Sinn durchgeknetet: Dani Karawans bevorzugtes Medium bei der Arbeit waren Plastilinmodelle. Später prüften wir an Ort und Stelle gemeinsam die beabsichtigten Formen mit geeigneten Hilfsmitteln. Der Standort der vertikalen Skulptur wurde vor ihrem Aufstellen durch ein Holzgerüst simuliert, um daran die Wirkung von allen Seiten, aus der Sicht der oberen Museumsgeschosse und sogar von der Deutzer Seite aus vorab zu erproben. Solange nur ein Rest von Unklarheit blieb, eine mit keiner noch so intelligenten Erklärung wegzudiskutierende Gefühlsunsicherheit, solange wurde weitergearbeitet, weitergeknetet – bis endlich die Form gefunden war, die keiner Erklärung mehr bedurfte und von jedem Betrachter als selbstverständlich empfunden wurde.

In der Zusammenarbeit mit Dani Karavan offenbarte sich uns die Erkenntnis: Die Geometrie wird lebendig, wo sie den Geist des Ortes wiederspiegelt und sich in ihrer kommunikativen Kraft auf die Natur des Menschen bezieht.

22 Die Operation am Herzen der Stadt

Das Grundstück selbst stellte höchste Ansprüche an die Bautechnik. Es war problematisch durch seine Lage im Grundwasserbereich des Rheins, im Erschütterungsbereich der Bundesbahn und der Rheinschifffahrt sowie durch sein Umfeld mit Verkehrslärmspitzen und schädlichen Emissionen. (Neuerdings kommt noch die U-Bahn unter der Philharmonie hinzu.) Angefangen von der Sicherung des Bahndamms während laufendem Zugverkehr – die Gleise durften sich auch im Millimeterbereich nicht bewegen –, über die elastische Lagerung des Konzertsaals, um eine Schallübertragung von den tuckernden Rheinschiffen über Grundwasser und Gründung zu unterbinden, bis zu den Dichtungs- und Dehnfugenproblemen bei durch Platzflächen überbauten Räumen und einer akustischen Trennung des Konzersaals vom übrigen Gebäude in Form einer Haus-in-Haus-Konstruktion – hier waren so ziemlich *alle* bautechnischen Probleme zu meistern, die von sehr schwierigen Bauvorhaben bekannt sind.

Zunächst durchpflügten Archäologen ein Jahr lang das Gelände in der Tiefe und fanden dabei eine römische Schiffsplanke und wertvolle römische Reliefs. (Diese steckten glücklicherweise mit ihrer wertvollen Seite nach unten im Schlamm, während sie mit ihrer glatten Rückseite späteren Generationen als Fundament gedient hatten.) Um den Rohbau errichten zu können, wurde zunächst die Baugrube durch wasserdichte Spundwände gegen drückendes Wasser gesichert, dann der Boden als 2,40 m starke Betonschicht unter Wasser ausgeführt. Erst danach konnte das Grundwasser aus der riesigen Wanne herausgepumpt und mit dem Rohbau begonnen werden, der durch eine konsequent durchlaufende Dämmfuge von der Baugrube getrennt werden musste, genauso wie der Philharmoniebereich von den umschließenden anderen Bauteilen. Nur so war es möglich, die Ansprüche an die Philharmonie als Studio des Rundfunks für die geplanten Konzertübertragungen zu erfüllen.

Da das Grundstück vollständig überbaut wurde und in den Untergeschossen bis zur Tiefe des Rheinbetts reicht, und da der Wasserstand des Rheins durchschnittlich neun, bei extremem Hochwasser sogar bis zu zwölf Meter beträgt, mussten vor allem der Konzertsaal und die angrenzende Tiefgarage gegen einen erheblichen Auftrieb bei höchstem Wasserstand gesichert werden. Beim Konzertsaal geschah dies durch 144 Zuganker, die ihn bei Auftrieb im felsigen Boden festhalten.

Der notwendige Schutz der Museumsräume vor schädlichen Emissionen wurde durch entsprechende technische Einrichtungen erreicht, wobei die Klimaanlage nur mit 20 Prozent Frischluft und im übrigen mit Umluft gefahren wird. Der Raumbedarf dieser Anlage in den Untergeschossen kommt großen Kirchenräumen gleich. Die Integration der technischen Installationen in das räumliche Gefüge war sowohl im Bereich des Museums, als auch im Konzertsaal eine der größten Herausforderungen. Der hohe Anspruch an den technischen Standard einerseits, anderseits das ästhetische Bedürfnis, von technischen Einrichtungen an den Ausstellungswänden und im Konzertsaal und seinem Foyer möglichst wenig wahrzunehmen, erforderten viel Fantasie und Hartnäckigkeit. Denn alle technischen Gewerke strebten jeweils für sich ein jeweiliges Optimum an, was teils zu unlösbaren Widersprüchen führte, teils mit der Forderung nach störenden Einbauten verbunden war.

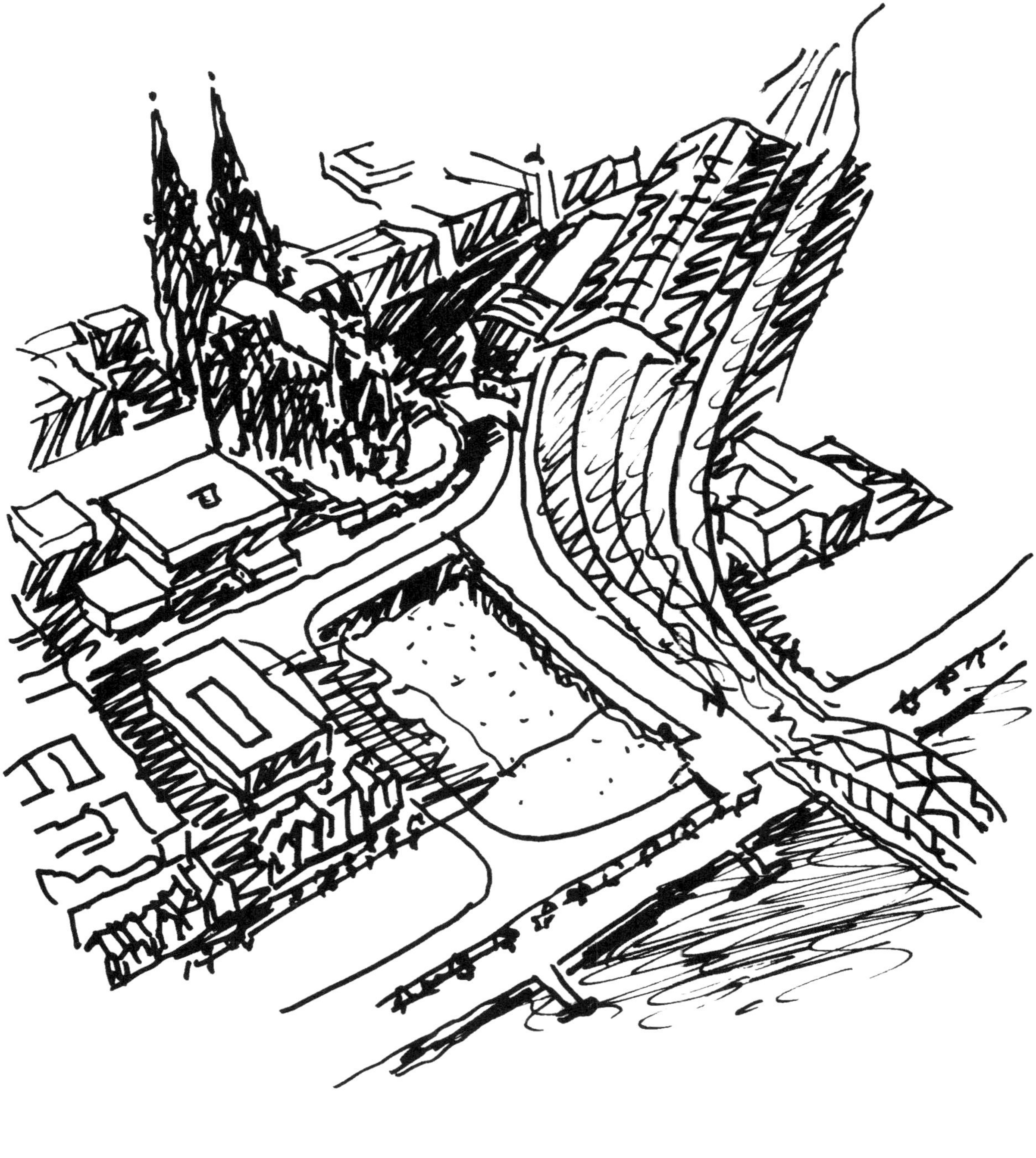

 Die Baugrube 1979

Der erste Schritt im Museumsbereich bestand darin, im Grund- und Aufriss im Abstand von 21,60 m (2 × 10,80 m), dem Maß der wirtschaftlich sinnvollen Spannweite der Oberlicht-Sheds, jeweils eine 3,60 m breite Zone zwischenzuschalten. Darin konnten vor allem die notwendigen Kanäle zur künstlichen Belüftung untergebracht werden, aber auch alle anderen, weniger raumgreifenden technischen Einrichtungen. Da diese Zwischenzonen oft nur in den jeweils oberen Raumzonen der Geschosse ausgelastet wurden, blieben in ihnen kleinere und niedrigere Einzelräume übrig. Sie eignen sich ideal als Ausstellungszonen für kleine Formate, wie Grafiken, Aquarelle oder biografische Erläuterungen zu den Künstlern. Mit dieser Raumlösung konnten wir die meisten technisch notwendigen Einrichtungen aus den Museumsräumen heraushalten.

Im Konzertsaal wurde die frische Zuluft zunächst durch eine Druckausgleichsschale unter den Sitzreihen geführt, um dann möglichst geräuschlos durch den Stuhlfuß in den Saal strömen zu können. Für die Abluft verlangten die Ingenieure zunächst große sichtbare Kanäle zwischen den Bindern der sichtbaren Dachkonstruktion. Nach langem Ringen konnten wir erreichen, dass durch die schräge Decke die Abluft nahezu unmerklich durch Schlitze an der höchsten Stelle des Saale abgesaugt wird. Sichtbare riesige Kanäle hätten das Bild des blauen Himmels enorm beeinträchtigt! Im Foyer versteckten wir die Zuluftkanäle hinter den von Barna von Sartory entworfenen Spiegelsäulen.

Eine heftige Auseinandersetzung fand wegen des Brandschutzes statt, da an den Konzertsaal wegen seiner Tieflage besonders hohe Anforderungen gestellt werden mussten. Es stand zunächst die Forderung im Raum, die tragende Stahlkonstruktion mit hochwertigem Brandschutzmaterial zu verkleiden, weil sie ja nicht nur Decke eines Saales, sondern auch Träger des darüberliegenden Platzes ist, auf dem sich gleichzeitig einige hundert Menschen aufhalten können. Für beide Probleme fanden wir eine unsichtbare Lösung in zusätzlichen, direkt aus dem Saal führenden Fluchtwegen. Sie gewährleisten, dass die Besucher im Brandfall in wenigen Minuten aus dem Saal fliehen können. Verbunden mit der Auflage, dass sich im Saal kaum brennbares Material befinden durfte – die Holzverkleidungen bestehen aus nur hauchdünnen Holzfurnieren –, konnte so eine Verkleidung der Stahlkonstruktion vermieden werden. Sie ist nun lediglich durch einen unauffälligen Spezialanstrich geschützt.

Das Verkleiden der 22 bis zu vier Meter hohen Stahlbinder durch eine abgehängte Decke, wie bei vielen Konzertsälen üblich, musste unter allen Umständen vermieden werden. Zwar wäre dadurch die Aufgabe des Brandschutzes einfacher zu lösen gewesen, keinesfalls durften wir jedoch das für die Nachhallzeit erforderliche Raumvolumen zwischen diesen Stahlbindern »verschenken«. Eine abgehängte Decke hätte darüber hinaus die für die Reflektion der tiefen Frequenzen so wichtige massive Betondecke unwirksam werden lassen. Das im Verbund mit der Betondecke tragende Stahlbinder-Speichenrad musste daher in jedem Fall sichtbar bleiben, nicht zuletzt, weil es sich auch hervorragend für ein Begehen und für wechselndes Anbringen von Scheinwerfern aller Art eignete. Dies setzte allerdings voraus, jede Art von Vergleich mit einer »ordinären« Fabrikhallenkonstruktion zu vermeiden.

Dass wir es geschafft haben, die sichtbare Stahlkonstruktion der Philharmonie in ein innenarchitektonisches »Highlight« zu verwandeln, verdanken wir folgenden drei Persönlichkeiten und ihrer kongenialen Mitarbeit: dem Koordinator der Haustechnik Hubert Lenz, dem Statiker Gerhard Horz und dem Künstler Barna von Sartory.

Lenz brachte es fertig, die Lüftungstechniker davon zu überzeugen, dass auf die ursprünglich zwischen den Bindern von ihnen geforderten Kanäle für Abluft verzichtet werden konnte und dass schmale Schlitze an der höchsten Stelle der Decke am Beginn der Verkleidungen ausreichend waren. Dadurch konnte ein Industriecharkter der Decke vermieden werden und es war möglich, die Decke in 20 verschiedenen Blautönen als sichtbaren Himmel auszubilden.

Der Ingenieur Gerhard Horz, im Rahmen der konstruktiven Bearbeitung des gesamten Gebäudes zuständig für die Deckenkonstruktion, erfand für die Stahlbinder eine Konstruktion aus 2,5 cm dicken Stahlplatten, die mit kilometerlangen Schweißnähten verbunden wurden. Durch dieses individuell entwickelte Konstruktionsprinzip konnten wir das ursprünglich im Gespräch als notwendig erachtete Konstruktionskonzept aus Rohren verlassen und eine im Detail ansprechende ästhetische, von Fabrikkonstruktionen sich deutlich unterscheidende Gliederung erreichen, die durch Schattenkanten leichter und filigraner erscheint, als sie in Wirklichkeit ist.

Barna von Sartory verhalf dem Speichenrad der Konstruktion durch hinterleuchtete Glasschuppen, ergänzt durch die über dem Podium schwebende Glasrosette, zu seiner suggestiven Wirkung, der sich kaum ein Besucher der Philharmonie entziehen kann.

Die Deckengestaltung steht in enger formaler Beziehung zu der »Schale« des Saales aus den 2000 Konzertsaalstühlen, deren Form und Farbspiel der Stoffbespannung wir ebenfalls gemeinsam mit von Sartoy entwickelten.

Wenn die Objektüberwachung nicht vom eigenen Büro ausgeführt wird, ist es für den planenden Architekten nicht leicht, sämtliche Details von allen Ecken eines geometrisch komplizierten Bauwerks zeichnerisch erfasst dem Bauleiter vorzulegen. Dies war beim Dom-Rhein-Projekt besonders schwierig, da es im ganzen Gebäude keine zwei gleichen Räume gibt! Alfred Bohl, unser späterer Partner mit Schwerpunkt Bauleitung, hatte mit kurzem Draht zur Baustelle im Rahmen der »Künstlerischen Oberleitung« jahrelang die schwierige Aufgabe, im direkten Kontakt mit von Waldegg abzustimmen, welche zeichnerischen Klärungen für die Ausführung im Detail noch zu leisten wären. Auch hatte er dafür zu sorgen, dass zeitgerecht die notwendigen Bemusterungen auf der Baustelle erstellt wurden, um die Materialentscheidungen endgültig treffen zu können.

Was vor allem richtig lief, war die sachverständige Kontrolle aller Vorgänge. Peter erinnert sich: »Als Baudirektor Franz Lammersen erfuhr, dass bei den Zugpfählen im Bereich der nicht in seiner Verantwortung liegenden Tiefgarage bei Probeversuchen einige wenige Pfähle den Anforderungen nicht hundertprozentig standhielten, setzte er durch, dass beim Bau der Philharmonie ein besseres und natürlich auch kostspieligeres Verfahren zum Zuge kam, um bei diesem hochsensiblen Bauwerk auch das geringste Risiko auszuschließen. (Diese Mehrkosten wurden übrigens durch ein gut funktionierendes Kostenkontrollsystem kompensiert.) Außerdem war es für die verantwortlichen Ingenieure eine Selbstverständlichkeit, das Herstellen der Baugrube, als Voraussetzung für die Gründung des Museums und der Philharmonie, unter Wasser und im Wasser vorzunehmen. Uns leuchtete ein, dass man schließlich nicht den Rhein leerpumpen konnte, um eine solch große Baugrube von Wasser freizuhalten! Kölner, die damals die Baustelle interessiert beobachteten, werden sich erinnern, dass die Baugrube ein großer See war, auf dem kleine Schiffe schwammen. Von ihnen aus betonierten Taucher unter Wasser die große und dicke Bodenplatte der Baugrube und die Verankerungen der Philharmonie gegen Auftrieb.

Mit dem Generaldirektor der Kölner Museen, Hugo Borger, der in der Schlussphase das Kommando seitens der Mussen übernommen hatte, gab es manche erbitterte Diskussion, vor allem über die Art und Weise, wie mit dem Kunstlicht umzugehen sei. Einmal stritten wir uns so lautstark und heftig, dass Borger am nächsten Tag anrief und mir das Du anbot, und zwar mit der Begründung, wenn man schon so gestritten habe, könne man sich anschließend eigentlich nur duzen. Das fand ich dann wieder sympathisch und habe es gern akzeptiert, nicht zuletzt deswegen, weil man jemanden, den man duzt, massiver mit den eigenen Vorstellungen konfrontieren, ja sogar beschimpfen kann, als beim distanzierten Sie.«

Als es später auf der Baustelle von Arbeitern nur so wimmelte, ereignete sich bei der Montage des riesigen Krans in der Mitte der heutigen Philharmonie ein Unfall, bei dem dank der Umsicht des Bauleiters kein Mensch zu Schaden kam. Wohl entstand ein Sachschaden in Millionenhöhe, doch hierfür kam die Versicherung auf.

Folgendes hatte sich zugetragen. In der Baugrube waren zwei Akkordkolonnen mit insgesamt 50 Männern mit dem Verlegen von Moniereisen beschäftigt, während gleichzeitig ein Colonia-Montagekran den besagten großen Kran Stück für Stück aufbaute – ein zwar komplizierter, aber keineswegs außergewöhnlicher Vorgang. Einer plötzlichen Eingebung folgend griff der Bauleiter, der von seinem Baubüro direkt neben dem Reiterdenkmal auf dem Brückenkopf der Hohenzollernbrücke die Arbeiten tief unter sich beobachtete, nach seinem Funksprechgerät und wies die Kolonnenführer an, vorsichtshalber unverzüglich ihren Arbeitsplatz zu verlassen, und zwar gegen deren Protest, da alle im Akkord arbeiteten.

Als der letzte Arbeiter das Feld geräumt hatte, stürzte plötzlich der riesige Kran in die Tiefe und zermalmte die unfertigen Konstruktionen. Nicht auszudenken, wie viele Menschen getötet oder verletzt worden wären! Noch lange erinnerte ein wie Spaghetti verformter schwerer Eisenträger, in der Fachsprache Peiner genannt, an den glücklichen Ausgang des Geschehens und die urplötzlich freigesetzte, potenziell zerstörerische Energie. Rüdiger Heusinger von Waldegg, der umsichtige und in allen wichtigen Detailfragen der Baustelle kompetente Chef der Bauleitung, und Franz Lammersen schrieben mit Ölkreide die berühmte Formel zur Masse-Energie-Äquivalenz von Albert Einstein $E = mc^2$ auf diesen Peiner. Lange Zeit war die Mahnung dort zu lesen, bis sich ihre Spur verwischte.

Ein Gefühl großer Dankbarkeit erfüllt uns bis heute. Man stelle sich vor, welcher Schatten über dem Werk läge, wenn der Bauleiter nicht so wachsam gewesen wäre und nicht auf seine innere Stimme gehört hätte! Unwillkürlich denken wir in diesem Zusammenhang auch an den ähnlich geistesgegenwärtigen und von einer sicheren Intuition gelenkten Bauarbeiter, der die im Historischen Archiv der Stadt Köln arbeitenden Menschen am 3. März 2009 aus dem Gebäude trieb, kurz bevor sie von den herabstürzenden Trümmern erschlagen worden wären. Auch dies war ein unwahrscheinlicher Glücksfall, getrübt allerdings durch den Tod der beiden schlafenden Menschen, die in den Nachbarhäusern ums Leben kamen, weil sie die Warnung nicht erreichte.

23 Ein Rückblick auf die Ideen des Wettbewerbsentwurfs

Als wir zur Vorbereitung auf die Niederschrift dieses Buches noch einmal unseren Erläuterungsbericht zum Wettbewerbsentwurf durchlasen, staunten wir, wie viel doch von unseren damals in den zehn Tagen der großen Euphorie entwickelten Ideen im Dom-Rhein-Projekt mit der Kölner Philharmonie und dem Museum Ludwig tatsächlich verwirklicht werden konnte!

Gleichwohl blieben einige Punkte aus unserem Konzept auf der Strecke. Da der interessierte Leser ein Recht hat zu erfahren, wie es dazu kam, erläutern wir, welche Ideen keine Chance hatten bzw. bisher nicht verwirklicht wurden.

- Mit der Idee eines *Galeriehauses* zwischen Domchor und Bahngelände hatten wir einen Gedanken aufgegriffen, den seinerzeit Gottfried Böhm in seinem Wettbewerbsbeitrag für die Domplatte formuliert hatte. Dies entsprang unserem noch heute bestehenden Wunsch, den von uns geschaffenen Domchorplatz, einschließlich des so ge-

nannten Domherrenfriedhofs, gegenüber dem Bahnbetrieb baulich abzugrenzen und damit vor den lauten, störenden Ansagegeräuschen zu schützen. Unsere Anregung zu einer Bebauung in diesem Bereich wurde jedoch nicht weiterverfolgt, da zu diesem Zeitpunkt die Emissionen des Fahrverkehrs noch sehr hoch waren. Eine zusätzliche Überdeckung der Straße am Domhof hätte daher zwangsläufig eine teure Belüftungsanlage der überdachten Straße nach sich gezogen, die keiner damals installieren und anschließend betreiben wollte. Als es darum ging, für das Wallraf-Richartz-Museum eine bauliche Lösung zu finden, weil es wegen notweniger Vergrößerung des Museums Ludwig ausziehen musste, griffen wir diesen Gedanken auf und spannen ihn weiter. Das Museum Ludwig beanspruchte durch eine weitere Schenkung von neunzig Picassos durch das Stifterehepaar Irene und Peter Ludwig zusätzliche Ausstellungsfläche. Zudem waren die Autos mittlerweile längst mit Katalysatoren ausgestattet, sodass die von uns damals vorgeschlagene zusätzliche Überbauung der Straße am Domhof jetzt ohne Belüftungsanlage möglich gewesen wäre. Um die aus unserer Sicht sehr glückliche Verbindung von mittelalterlicher und moderner Kunst in *einem* Haus zu erhalten, planten wir für das Wallraf-Richartz-Museum einen Rundbau, mit Blickbeziehung zum Domchor und auf dessen Mittelpunkt bezogen. Zwar sollte dieser den Domchorplatz einrahmende Museumsbau einen eigenen Eingang haben. Da die Eingänge beider Museen jedoch unmittelbar nebeneinander gelegen hätten, wäre der Kontext von alter und neuer Kunst trotzdem erhalten geblieben. Das Projekt scheiterte politisch, als *Die Grünen* wegen des Korruptionsskandals um die Müllverbrennungsanlage in Köln-Niehl aus der Koalition mit der SPD ausstiegen und entgegen bisheriger Absprachen zusammen mit der CDU einen neuen Standort am Rathausplatz favorisierten.

- Die Verflechtung des Museumsbereichs mit dem Breslauer Platz, auf der Ebene eines Bahnhofshallen-›Stegs‹ mit Zugängen zu den Bahnsteigen aus einer oberen Ebene über den Gleisen, wurde wegen des zu hohen Aufwands fallengelassen.
- Unsere Zielsetzung, die Barrierenwirkung der Bundesbahn zu überwinden, konnten wir im Rahmen unseres Projektes nicht verwirklichen, weil ihr sowohl technische Schwierigkeiten als auch politische Widerstände entgegenstanden. Dass aus der Idee des ›Steges‹ nichts geworden ist, hat rückblickend durchaus sein Gutes, wenn man die

Gesamtsituation von der Ebene der Domplatte her betrachtet. Dort erheben sich nämlich jetzt die von uns später mit dem Bauingenieur Stefan Polónyi geplanten und im Auftrag der Bundesbahn gebauten neuen Vorhallen. Die Problematik der unteren Ebene wartet dagegen immer noch auf eine Lösung. Durch den Umbau der Bahnhofspassagen hat sich die Lage hier zwar entspannt, doch wirkt die wichtige stadträumliche Verbindung der Johannisstraße nach wie vor verwahrlost und vernachlässigt, obwohl sie die einzige Verbindung des Breslauer Platzes mit dem Dombereich unter Umgehung des Bahnhofsgeländes ist.

- Die ursprünglich geplante Vorfahrt aus einem Forumsbereich heraus konnte im späteren Planungsprozess durch die von uns initiierte und durchgesetzte Verlängerung des Rheinufertunnels bis zur Hohenzollernbrücke ohne umständliche Zufahrt in die Bischofsgartenstraße verlegt werden, da diese vom Durchgangsverkehr befreit wurde.
- Bei der späteren Planung wurde fast der gesamte von uns vorgesehene Kinderbereich der Erfüllung anderer Nutzungswünsche geopfert, ein Verlust, den wir und alle, die es angeht, bis heute nicht verwunden haben. Kinder sind eben nach wie vor das schwächste Glied in unserer Gesellschaft und haben keine Lobby.

Manchmal malen wir uns aus, was wohl geschehen wäre, hätte der Mann im Postamt den Schlüssel eine Sekunde früher umgedreht. Unser Entwurf hätte nicht gewertet werden können, da er nicht fristgerecht eingereicht worden wäre. Wie sähe es jetzt am Dom aus, wenn wir an der Gestaltung seiner Umgebung nicht teilgenommen hätten? Unter den Einreichungen waren Entwürfe der bedeutenden Kölner Architekten Gottfried Böhm und Joachim Schürmann. Einer dieser Entwürfe hielt beispielsweise zwar die geforderte Höhenlage für das Museum ein, entwarf dafür jedoch den Mehrzwecksaal als monumentalen Brückenkopf am Rhein direkt über dem Reiterstandbild an der Hohenzollernbrücke.

Hätten wir die Abgabe nicht geschafft und wäre unsere Arbeit nicht gewertet worden, wäre nach einer zweiten Stufe des Wettbewerbs und entsprechender Optimierung der verbliebenen Arbeiten dort mit großer Wahrscheinlichkeit ein brauchbares Museum entstanden.

Man kann jedoch mit ziemlicher Sicherheit sagen, dass die Kölner und die kunst- und musikinteressierten Gäste aus aller Welt zwei Dinge dann *nicht* bekommen hätten:

- Es gäbe in diesem Museum keinen reinen Konzertsaal, mithin auch keine Kölner Philharmonie in zentraler Lage.
- Ebensowenig gäbe es die großzügige und heute als selbstverständlich empfundene Verbindung von Dom und benachbartem Altstadtviertel, zum Rhein hin mit einem verkehrsgeschützten Rheingarten zwischen Deutzer Brücke und Hohenzollernbrücke.

Wo sich heute der Eingang zur Philharmonie befindet, erhöbe sich stattdessen ein mächtiges Umspannwerk! Dieser Standort war nämlich zwingend vorgegeben. Nach hartem Ringen konnten wir durchsetzen, dieses technische Bauwerk unterirdisch in einer wasserdichten Wanne direkt neben der Tiefgarage am Dom zu verstecken. Dort könnte man es für den vorbeigehenden Bürger genauso einsehbar machen, wie es inzwischen beim Umspannwerk am MediaPark geschehen ist – wenn man es denn wollte.

24 Ein Rückblick auf das Werk

Werden wir befragt, in welchen Zeiträumen das Dom-Rhein-Projekt geplant und realisiert wurde, dann antworten wir, ohne dabei zu übertreiben: *In zehn Sekunden* wurde die entscheidende Idee geboren, als wir mit einer einfachen Gebärde die Silhouette des Museums in den Himmel zeichneten. *In zehn Tagen* haben wir den Entwurf für den Ideenwettbewerb abgabereif konzipiert. *In zehn Jahren* wurde dann das Projekt geplant und gebaut.

Wenn wir heute über den Heinrich-Böll-Platz zum Rhein gehen und durch das Museum schlendern, besonders aber wenn wir ein Konzert in der Philharmonie hören, dann spüren wir immer noch den Schwung der ersten zehn Sekunden. Was uns damals beflügelte, verdient wirklich den Namen ›Idee‹; denn wahre Ideen haben die Kraft, auf andere Menschen überzuspringen und sie zu motivieren. Und wirklich nahmen wir diesen Schwung während der Planung und Ausführung nicht nur an uns selbst wahr, sondern auch an allen Beteiligten, die das Projekt mit ihrem persönlichen Engagement über Jahre hinweg unterstützten und begleiteten. Wir entdecken ihn immer wieder in den Mienen und Gebärden der zahllosen Menschen, die sich dort aufhalten und bewegen. Auch in der begeisterten Resonanz vieler Besucher der Kölner Philharmonie und des Museums Ludwig findet er sich wieder.

Aber dieses Projekt hat uns beide auch an die Grenzen unserer physischen und psychischen Kräfte geführt. Jeder für sich allein hätte das ohnehin niemals durchgestanden. Auch hier zeigt sich, wie vorteilhaft es für solch eine große Herausforderung ist, wenn man sie im Dialog und auf verteilten Schultern meistern kann.

Belastend waren ja nicht so sehr der Umfang der zu bewältigenden Arbeit und die dafür aufzuwendende Zeit. Was uns bedrückte, waren die unverhohlenen öffentlichen Angriffe. Sie richteten sich gegen das Projekt, oft aber auch gegen uns persönlich. Diese Attacken kamen natürlich aus dem Kreis der Kollegen. Fast unerträglich wurden sie, wenn die Medien sie aufgriffen und verstärkten.

Das durchgängige »Argument« lautete, vor allem während der Zeit des Rohbaus, wir würden den Dom zubauen. Dies war besonders schmerzhaft, war doch unser Entwurf gerade jener gewesen, der die Sicht vom Rhein auf den Dom am wenigsten beeinträchtigte. Eine Kostprobe der damaligen Anfeindungen gegen uns möge verdeutlichen, mit welcher Härte damals gestritten wurde. In der Rohbauphase wurde Stadtkonservatorin Hiltrud Kier von einem Journalisten zu einem Gedankenspiel eingeladen. Sie hätte drei Bomben zur Verfügung und dürfte sie auf Nachkriegsbauten in Köln abwerfen. Welche Ziele würde sie wählen? Sie antwortete: »Eine auf das WDR-Haus, zwei auf das Museum Ludwig!« Dabei hat uns damals nicht einmal so sehr die Antwort der Stadtkonservatorin erbittert, gleichwohl sie gewalttätige Gefühle unterstützt, sondern vielmehr die Tatsache, dass solch eine Frage überhaupt gestellt wurde.

Wir erinnern uns, dass bei der Grundsteinlegung das Geschrei und Getöse der rings um die Baustelle Protestierenden so mächtig war, dass sich die Redner trotz Mikrophon nicht verständlich machen konnten. Auf dem Weg zum Kölsch-Imbiss, der im Rohbau der Tiefgarage vorbereitet war, meinte der katholische Stadtdechant Dr. Johannes Westhoff: »So etwas müsste man doch verbieten!« Darauf Peter: »Sie werden lachen: Meine eigenen Kinder sind auch darunter!« Das stimmte tatsächlich. Und nicht nur sie und ihre Klassenkameraden und Freunde, außerdem viele vor allem junge Künstler nutzten die Gelegenheit zum Protest. Damals wie heute regen sie sich darüber auf, wie die Stadt Köln sie behandelt.

In der Protestszene, die zu dieser Zeit vor allem in der Südstadt wirkte, gab es aber auch besonnene Menschen, deren Motto lautete: »Mal abwarten, was draus wird!« Zu ihnen gehörte der Galerist und Kunstvermittler Ingo Kümmel, bekannt auch durch den Slogan: »Kunst kommt von Kümmel und Kümmel kommt von Köln.« Auch die kleine Künstlerkolonie in der alten Volksschule in Volkhoven, neben dem Musterhaus, wo der unvergessene Daedalus Wande hauste, stand eher für Mäßigung und Besonnenheit. Solche Leute waren es dann, die das im Grunde nur als Provisorium geplante Musterhaus für sich als idealen Ausstellungsraum entdeckten und als solchen gleichzeitig mit der Eröffnung des Museums im September 1986 der Öffentlichkeit präsentierten, unter dem Namen »Simultanhalle«. Ein Foto des Musterhauses mit dem für das Museum typischen Oberlichtprofil brachten sie rechtzeitig zur Eröffnung als Plakat heraus, mit der Überschrift: »Wir grüßen alle!« Als wir dieses Plakat nach zehn Jahren Gegen-den-Strom-Schwimmen sahen, da wussten wir: Wir haben gewonnen! Die Anerkennung dieser für die Kultur in Köln unschätzbar wertvollen, ja unverzichtbaren Menschen wird uns immer sehr wichtig sein.

Obwohl Architektur das Mit- und Ineinander von Musik und bildender Kunst geradezu provoziert, führen bis heute mit Ausnahme weniger Sternstunden von gemeinsamem Museums- und Konzertbetrieb beide jeweils ein Eigenleben. Symptomatisch dafür ist, dass den Besuchern des Konzertsaal-Foyers der von uns vorgesehene Einblick in die Ausstellungsräume des Museums Ludwig verwehrt wird. Ein Rundgang jeweils eine Stunde vor Konzertbeginn durch den unteren Bereich des Museums, der auf derselben Ebene liegt wie das Hauptfoyer der Kölner Philharmonie, wurde ein Jahr lang durch eine großzügige Spende ermöglicht. Leider können die Kosten für das nötige Wachpersonal auf Dauer nicht getragen werden. Jahrzehntelang wurde noch nicht einmal die Möglichkeit eröffnet, direkt aus dem Konzertsaal-Foyer ohne weite Umwege durch die Stadt über eine Treppe in das unmittelbar darüber liegende Museumsrestaurant zu gelangen, um etwa dort nach einem Konzert in angenehmer Atmosphäre beisammenzusitzen und den Abend ausklingen zu lassen.

Bedauerlich ist und bleibt, dass uns von der Stadt keine Möglichkeit gegeben wurde, die Unterseite des Museums im Bereich der Straße Am Domhof »der Bedeutung des Ortes entsprechend« zu gestalten. Dabei schlugen wir über Jahre hinweg immer wieder vor, mit einer Lichtdecke und entsprechender Inszenierung an den Wänden eine Wirkung zu erreichen, als ob man durchs Museum führe. Die Gestaltung blieb Sache des Tiefbaudezernats, und daher ein bis heute bestehendes, beklagenswertes Gestaltungsdefizit. Wobei uns Architekten besonders der Vorwurf schmerzt, wir seien die »Urheber der Misere« – so wörtlich Vertreter der Verwaltung noch in neuerer Zeit.

Bautechnisch hat das Bauwerk die ersten 25 Jahre seit seiner Eröffnung blendend überstanden, also ohne nennenswerte Bauschäden. Allerdings hat sich sehr bald herausgestellt, dass die während der Planung noch völlig unbekannten Skateboarder mit ihren Rollbrettern beim Befahren des Heinrich-Böll-Platzes im Konzertsaal zu hören sind. Diese akustische Störquelle im öffentlichen Raum war bislang unbekannt. Die störenden Geräusche sind mit den Jahren eher stärker geworden. So wird der Platz mit großen Lastwagen befahren. Wir entwickelten gemeinsam mit der Stadt Köln eine Lösung, wie diese Störung beseitigt werden könnte. Die Ausführung scheitert bislang immer noch an der Finanzierung, obwohl eine in mehr als 20 Jahren kontinuierlich gebildete Rücklage für die Unterhaltung eines so großen Bauvorhabens dafür längst ausreichen müsste. Ist diese Störung des Konzertsaals, die jetzt provisorisch durch eine temporäre Sperrung des Platzes mit Bewachung behoben wird, nicht gleichbedeutend mit einem Leck im Dach des Museums, durch das Regenwasser von der Decke tropft? Und würde man dort in einem solchen Fall etwa Eimer aufstellen? Oder brächte man nicht doch lieber das Dach in Ordnung? Es ist an der Zeit, dass sich die Stadt Köln eine entsprechende Reparatur leistet.

Das krasseste Beispiel dafür, wie seitens des Museums die Beziehung von Kunst und Architektur ignoriert wird, ist Dani Karavans Ma'alot, sein »site-specific environment« als integraler Bestandteil des Museums, des gesamten Projekts und des Heinrich-Böll-Platzes.

Auch prominenteren Architekten als uns wird es bei vergleichbaren Projekten ähnlich ergangen sein. Wir denken zum Beispiel an Richard Rogers, den Architekten des Centre Georges Pompidou in Paris, das genau zu dem Zeitpunkt fertiggestellt wurde, als wir mit unserer Planung begannen. Natürlich sind wir damals sofort nach Paris gefahren, und auch später noch einmal mit dem gesamten Sonderausschuss und den Kollegen aus dem Hochbauamt. Vor allem beeindruckte uns dort, wie durch den Neubau das zuvor desolate städtische Umfeld mit überbordendem Leben erfüllt wurde. Wir wünschten uns eine solche belebende Wirkung auch für Köln, die wohl inzwischen auch eingetreten ist. Die »Wegwerfmentalität« im Innern des Centre Pompidou überzeugte uns überhaupt nicht. Vor allem störte uns der fast totale

Verzicht auf Tageslicht in den Museumsebenen. Als »Erlösung« empfanden wir den Besuch des direkt neben das Centre Pompidou translozierten Ateliers von Constantin Brancusi – seine als Museumsraum umfunktionierte Werkstatt mit Oberlicht aus Sheds und deren ruhiges und gleichzeitig belebendes Tageslicht. So stellten wir uns die Atmosphäre in den Räumen des von uns entworfenen Kölner Museums vor.

Mit dieser Tageslichtatmosphäre aus einem Viertelkreisbogen mit anschließendem schrägem Oberlicht konnten wir unserem Hauptmotiv gerecht werden, die weltweit einzigartige Nachbarschaft zum Kölner Dom atmosphärisch und gestalterisch aufzugreifen, dessen großartige Architektur in die Gesamtkonzeption unbedingt einzubeziehen war.

Natürlich ärgerte uns auch die hartnäckig sich haltende Legende, wir Architekten hätten bei der Planung des Konzertsaals zunächst die Orgel vergessen. Den meisten Kölnern ist eben überhaupt nicht bewusst, dass bei dem Ideenwettbewerb für das Dom-Rhein-Projekt im Programm gar kein Konzertsaal vorgesehen war. Die ›Transformation‹ des Mehrzwecksaals in die heutige Philharmonie brachten wir erst eher beiläufig ins Spiel, worauf sie dann durch eine Reihe glücklicher Umstände Schritt für Schritt in die Wirklichkeit umgesetzt werden konnte. Im ursprünglichen Raumprogramm gab es natürlich auch keine Orgel, und als wir auf dieses Defizit aufmerksam machten, wurde sie zunächst im Hinblick auf die zusätzlichen Kosten abgelehnt. Unser Hinweis, dass dann zum Beispiel Beethovens »Missa Solemnis« nicht aufgeführt werden könnte, blieb ohne

Resonanz, was natürlich damit zusammenhing, dass es zum Zeitpunkt der Planung noch keinen Intendanten für die Kölner Philharmonie gab.

Peter beschloss, das Problem bei einem Tête-à-Tête mit Heinrich Lohmer zu besprechen, der grauen Eminenz im Kulturausschuss. (Peter hatte bei ihm einen Stein im Brett, weil er einmal seinem zu Besuch weilenden Neffen zum Üben sein Cello geliehen hatte.) Lohmer verstand das Problem sofort und setzte sich hin, um einen seiner gefürchteten Leserbriefe zu schreiben, unterm Titel *Orgel vergessen* – und mit dem Ergebnis, dass die Kosten für eine Orgel im Sonderausschuss nachgenehmigt wurden. Allerdings war zu diesem Zeitpunkt die Ausführungsplanung des Konzertsaals schon so weit fortgeschritten, dass die Orgel nicht wie üblich an zentraler Stelle angebracht werden konnte. Werk und Prospekt der Orgel mussten deshalb seitlich angeordnet werden, wirken jedoch bedingt durch die Raumform des Konzersaals gleichwohl dominant und zum Beispiel bei reinen Orgelkonzerten durchaus ›zentral‹. Wer diese Geschichte der Orgel in der Kölner Philharmonie kennt, versteht nun sicher, dass wir stets den Vorwurf mit großer Gelassenheit, ja Heiterkeit quittieren, wir Architekten hätten die Orgel vergessen.

Wir haben die Philharmonie praktisch ohne musikalisch kompetenten Bauherren selbst programmiert und geplant. Dass es uns letztlich gelungen ist, sie auch im Bereich der Räume für die Musiker funktionstüchtig zu realisieren, hängt damit zusammen, dass wir selbst lebendigen Kontakt zur Musikszene haben und deshalb auch das Gespür dafür, was Musiker brauchen.

Das Vorurteil verschiedener Kollegen, der Kölner Philharmonie fehle mangels Fassade städtebauliche Ausstrahlung, ist trotz allem nach wie vor erstaunlich lebendig. So sagte zum Beispiel Dompropst Norbert Feldhoff vor nicht langer Zeit in einem Interview: »Eines habe ich schon vor Jahren nicht verstanden. Ein Stadtraum lebt von besonderen Gebäuden. Ich finde unsere Philharmonie unter der Erde schön, aber vom Stadtraum her ist es ein Verlust, dass man nicht über die Erde gegangen ist. Die Stadt hat die Chance verspielt, schöne Architektur in den Raum zu bringen. Köln hat nur wenig bedeutende Architektur über der Erde und leidet vor allem darunter, dass es keine bedeutenden Plätze hat.« (*Kölner Stadtanzeiger* vom 31. Juli / 1. August 2010.)

Ein solches Vorurteil ist für uns insofern besonders schmerzhaft, weil es vom Nachbarn kommt, der den Dom vertritt. Zum Glück wurde ihm in vier von fünf Leserbriefen im *Kölner Stadtanzeiger* eine Woche später heftig widersprochen. Die Antworten von zwei Bürgern berechtigen uns zu der Annahme, dass die in Köln und im Umland lebenden Bürger keineswegs mehrheitlich so denken wie Norbert Feldhoff. *Sichtschneise* ist der Beitrag von Marten Marquardt aus Pulheim überschrieben:

»›Schön, aber …‹ sagt der Dompropst und kritisiert die architektonische Lösung des Philharmoniebaus im Vorfeld des Doms. Die beiden Gesprächsteilnehmer des *Kölner Stadtanzeigers* pflichten ihm bei und sagen: ›Das Erzbistum hat mit dem Bau des Museums Kolumba gezeigt, wie so etwas gehen kann.‹ Was hat das eine mit dem anderen zu tun? Bei der Planung der Philharmonie hatte die Stadt in den 70er-Jahren ja bereits eine Ausführung ›über der Erde‹ (Feldhoff) gewünscht, um ›die Architektur in den Raum zu bringen‹ (Feldhoff). Die Architekten Busmann und Haberer haben damals für die neue Philharmonie am Rhein nach intensiver Überlegung gerade den gegenteiligen Entwurf ›unter der Erde‹ vorgelegt, um mit einer breiten Sichtschneise den Blick vom Rhein zum Dom zu ermöglichen. 1976 erschien im *Kölner Stadtanzeiger* ein zustimmender Artikel unter der Überschrift *Demut am Dom*. Damals verstand der Vertreter der Zeitung, was für eine großartige Geste gegenüber dem Sakralbau diese Architektur hervorgebracht hat. Aber weder Herr Feldhoff noch seine Gesprächspartner scheinen diese Geste verstanden zu haben. Ihre Kritik dokumentiert historische Vergesslichkeit.«

Und unter dem Titel *Chance vertan* antwortete Dr. Peter Kreyenberg aus Köln wie folgt:

»Der Leser durfte trockene Statements lesen und keinerlei weiterführende Ideen zum Dom-Umfeld. Was die Lärmbelästigung durch Skater betrifft, so wäre eine klare Forderung an die Stadt Köln angebracht gewesen, alsbald eine Satzung für die Domumgebung zu verabschieden, die das Befahren mit Skateboards verbietet. Nur dann hätten städtische Ordnungskräfte eine Handhabe. Der Dompropst, der sich über die Skater ärgerlich zeigt, hätte eine gute Chance gehabt, ein solches Instrument zu fordern. Leider ist der Dompropst auch ein rechter Kirchturmspolitiker. Sein Blickfeld endet offenbar, wo auch der Schatten des Doms endet. Sonst würde er nicht bedauern, dass Köln keine bedeutenden Plätze hat. Aber in unmittelbarer Nachbarschaft des Doms gibt es den Heinrich-Böll-Platz über der Philharmonie. Dieser Platz ist Teil des Kunstwerks Ma'alot des israelischen Künstlers Dani Karavan. Dieses Kunstwerk gehört zum Museum Ludwig und wird viel zu wenig beachtet und gepflegt. Bestürzend ist, dass Funktionäre der Kölner Kultur von Abriss und Neugestaltung reden. Hier wäre die Chance gewesen, auf die Bedeutung des Kunstwerks hinzuweisen, dieses zu pflegen und besser zu unterhalten.«

Das schon immer kontrovers diskutierte Thema »Licht im Museum« ist heute – nicht nur im Museum Ludwig – umstrittener denn je. Wir haben uns hier bereits dazu geäußert, um nicht zu sagen: darüber aufgeregt. Vielleicht kommt es ja bald einmal zu einer postiven Wendung allein aus ökonomischen Erwägungen. Monat für Monat verschwendet man im Museum unnötig viel Geld für Kunstlicht, das an anderer Stelle wesentlich sinnvoller für die Kultur eingesetzt werden könnte.

Uns Architekten ist völlig unverständlich, dass das von uns ausreichend dimensionierte Tageslicht in den Oberlichtsälen des Museums selbst bei klarem Himmel nicht ohne zusätzliche Kunstlichtbeleuchtung verwendet wird. Abgesehen von der enormen Energieverschwendung wird die wunderbare Adaptionsfähigkeit des menschlichen Auges ignoriert. Und außerdem ist das natürliche Farbspektrum des Tageslichts ohnehin durch keine noch so raffinierte künstliche Beleuchtung zu ersetzen.

Schwer verkraften können wir allerdings die mit den Jahren seit September 1986 zunehmende Diskrepanz zwischen der geistigen Ausstrahlung von Museum und Philharmonie und der Art und Weise, wie lieblos bis nachlässig das gesamte Umfeld zwischen Dom, Altstadt, Bahnhof und Rhein behandelt wird. In einem Essay für die Chargesheimer Gesellschaft diagnostizierte dies Erich Schallus, den seine Freunde liebevoll den ›Sokrates von Köln‹ nannten, mit einem Zitat von Botho Strauß: »Die Verwahrlosung kommt aus der Mitte der Gesellschaft.«

Bezogen auf das Dom-Rhein-Projekt bedeutet das konkret: Verantwortlichkeit und Kompetenzen für das Äußere sind unklar zugeordnet bzw. zersplittert. So erfolgt etwa entgegen der ausdrücklichen Empfehlung der Architekten die Reinigung der Außenflächen immer noch maschinell mit rotierenden Drahtbürsten, die verhindern, dass sich das Ziegelpflaster setzen und festigen kann, indem Gras in den Fugen wächst. Außerdem wird der Platz unnötigerweise von schweren Fahrzeugen befahren, was zur Zerstörung vieler Granitplatten im Kunstwerk von Dani Karavan führte. So wird jetzt der Platz mit teilweise herausnehmbaren Pflastersteinen und dadurch entstehenden Löchern im Boden für die Passanten zum ständigen Ärgernis.

Außerdem wird die im Haushalt vorgesehene Rückstellung von Mitteln nicht für die dringend erforderliche bauakustische Sanierung des Heinrich-Böll-Platzes über der Philharmonie verwendet. Stattdessen bewacht man die Fläche, verscheucht ahnungs- und ratlose Passanten vom Platz und gibt sich damit der Lächerlichkeit preis.

Auch zur Formulierung einer entsprechenden Satzung, die das ungebührliche Befahren der Domumgebung inklusive Heinrich-Böll-Platz zum Beispiel mit Skateboards untersagt, ist die Stadt offensichtlich außerstande. Wir Architekten des Dom-Rhein-Projekts rätseln auch, was es wohl zu bedeuten hat, dass in der Stadt seit einiger Zeit vollmundig eine ›Via Culturalis‹ beschworen wird, zwischen Dom und Rathaus, mit neuem Wallraf-Richartz-Museum und Gürzenich bis hin zu St. Maria im Kapitol, ohne dass auch nur in einem Nebensatz die inzwischen weltweit bekannte Kölner Philharmonie und das Museum Ludwig einbezogen würden.

Zum Glück stehen wir mit unserem Protest gegen die Verwahrlosung der Freianlagen mittlerweile nicht mehr allein da. Nach dem Archiveinsturz im März 2009 bildete sich die ständige Bürgervertretung »Köln kann auch anders«, die seit ihrer Gründung jeden Montagnachmittag in der Rathauslaube des historischen Rathauses über aktuelle kritische Themen informiert. Seitdem Peter dort über das Projekt Ma‘alot, seine Entstehung und seinen jetzigen Zustand berichten konnte, gibt es zudem die Initiative »Bürger für Ma‘alot«, angeregt durch Christiane Härlin und Tal Kaizman, die ständig weiteren Zulauf bekommt. Prominente Mitstreiter sind inzwischen die Söhne von Heinrich Böll, der Schriftsteller Ralph Giordano, das Ehepaar von Rautenstrauch und andere.

Anfang 2011, da wir dies schreiben, deutet manches darauf hin, dass seitens der Stadtverwaltung konkrete Schritte zur Verbesserung der Situation unternommen werden. Ein erstes positives Zeichen ist das ›moderierte Abstimmungsverfahren‹ für die Domumgebung, das im April 2010 dank der Moderation von Professor Peter Zlonicky zu einem positiven Abschluss gebracht werden konnte. Seither besteht begründete Hoffnung, dass sich das Museum Ludwig an der Südseite, wo es länger ist als der Kölner Dom, nach Abschluss des U-Bahn-Baus wieder angemessen präsentieren kann. Hierzu nur ein Detail. Eine für den U-Bahn-Bau unnötigerweise gefällte Platane hatte bereits, wie auf vielen unserer Entwurfsskizzen zur Südfassade eindeutig vorgesehen, die Höhe des Gebäudes an dieser Stelle erreicht und muss deshalb unbedingt wiedererstehen.

Auch sieht es jetzt so aus, dass sowohl der Kurt-Hackenberg-Platz als auch die wichtige Fußgängerverbindung zwischen Altermarkt und Hauptbahnhof unter dem Museum endlich eine angemessene Gestaltung erhalten kann. Hierzu gehört auch die Vorzone vom Baptisterium mit Dionysosskulptur. Hieran werden Ludwig Wappner (München) und Christian Schaller beteiligt sein, Sohn von Friedrich Schaller, des Schöpfers der ›Domplatte‹. Wir registrieren mit Genugtuung, dass dies *mit* uns und nicht gegen uns geschehen wird. Dabei wollen wir an den kooperativen Geist anknüpfen, der alle Beteiligten der Planungsphase des großen Dom-Rhein-Projekts beflügelt hat.

Uns Architekten überrascht und erfreut der anhaltende Erfolg und die ständig wachsende positive Resonanz der Besucher des Museums und der Kölner Philharmonie seit ihrer Eröffnung im September 1986.

Die städtebauliche Einbindung in die Altstadtsilhouette, auch vom Rhein und vom Deutzer Ufer her gesehen, ist inzwischen zu einem selbstverständlichen Teil der Stadtgestalt von Köln geworden. Dabei spielt besonders die rhythmische Gliederung des riesigen Baukörpers eine Rolle, die das Grundelement des viertelkreisförmigen Oberlichts mit seiner anschließenden Schrägverglasung vielfach variiert und damit die eigentliche Größe des Bauwerks überspielt, die oberirdisch immerhin rund ein Viertel des Domvolumens umfasst. Mit dieser rhythmischen Gliederung, bis zu den stark ausgeprägten Profilen der Fassade mit ihren Schattenkanten, ist die Baumasse analog zum Geist der gotischen Kathedrale mit filigraner Wirkung gestaltet.

Auch der Freiraum im Übergang zum Rheingarten ist zum selbstverständlichen Erlebnisraum geworden, mit den drei neu gewonnenen Plätzen – Domchor-, Heinrich-Böll- und Kurt-Hackenberg-Platz – und dem Boulevard an der Bischofsgartentrasse, als Fortsetzung der alten Römerstraße. Seitdem das Wallraf-Richartz-Museum ausgezogen ist, wird das Museum Ludwig, unterstützt durch geringfügige, von uns vorgenommene Umbauten, sehr viel großzügiger und angemessener bespielt, sodass es noch an Ausstrahlung gewonnen hat. Die ausgestellte Kunst verbindet sich inzwischen besser mit den unterschiedlichen Raumsituationen; und die wie ein mittelalterliches Kleinod im Domhügel versteckte Kölner Philharmonie begeistert nach wie vor sowohl das Publikum, als auch die auftretenden Künstler. Beide fühlen sich offenbar im Konzertsaal zum Spielen beziehungsweise Zuhören besonders angeregt und loben die hervorragende Akustik auf allen Plätzen und die Konzentration auf das Musikgeschehen durch die Geometrie der Saalform.

Die Kölner Philharmonie ist heute – ein Vierteljahrhundert nach ihrer Einweihung – aus dem kulturellen Bewusstsein der Stadt nicht mehr wegzudenken. Dazu gehört auch die Eigenart ihrer Entstehungsgeschichte. Wir empfinden es als stimmig, dass man sich dem Ort des musikalischen Geschehens von der Stadt kommend behutsam nähert, um dann nach dem Betreten des Gebäudes stufenweise immer mehr überrascht zu werden, bis hin zum Erlebnis des großen Konzertraums, dessen Wirkung sich kaum jemand entziehen kann. Einer der Hauptgründe für diese Wirkung ist gewiss, dass die Menschen selbst den Raum bilden, sich selbst gleichzeitig als Individuum und Teil der großen Gemeinschaft von Musizierenden und Hörenden erleben. Es war stimmig, dass wir uns für diese Saalform entschieden haben, angelehnt an ein griechisches Amphitheater. Die in diesem Saal erlebte Versammlung von Gleichen unter Gleichen, ohne räumlich ausgebildete Hierarchie, entspricht der vom traditionellen Bürgersinn geprägten Kölner Gesellschaft mehr als eine Gliederung in ›Weinbergterrassen‹, mit unterschiedlicher Entfernung zum Podium, wodurch die Zuhörer in verschiedene Gruppen aufgeteilt werden. Die bürgerliche Tradition Kölns findet in der Schale der steilen Sitzreihen des Konzertsaals, die man beim Betreten des Saals überraschenderweise überblickt, ihre unmittelbare bauliche Entsprechung, da sich die versammelten Bürger so als Einheit erleben können.

Die gemeinsamen Aktionen, mit denen das Museum Ludwig und die Kölner Philharmonie zugleich bespielt wurden, waren immer ein großes Ereignis, weil so das *ganze* Haus als Erlebnisraum zur Wirkung kam. Der trotz aller administrativer Grenzen lebendige Traum von der Einheit der Künste hat hier Tag für Tag die Chance, verwirklicht zu werden. Architektur, Musik, Bildende Künste, sogar Filmkunst und Tanz könnten in einem großen synästhetischen Zusammenklang erlebt werden, in einem Fest für die

Sinne an dem einzigartigen Ort zwischen Dom und Rheinstrom. Wir wünschen uns wieder mehr gemeinsame Aktivitäten von Musik und Bildender Kunst, damit die Chance gegenseitiger Anregung und Wahrnehmung unter einem Dach als besonderes Erlebnis mehr zur Geltung kommt.

Würdigung der Beteiligten und Dank

Von allen Persönlichkeiten, die an der Entstehung des Dom-Rhein-Projekts entscheidenden Anteil hatten, ist zunächst das Stifterehepaar Irene und Peter Ludwig aus Aachen zu nennen. Ihr Kunstverständnis, ihre Sammlerleidenschaft und ihre großzügigen Schenkungen an die Stadt Köln waren das eigentliche Agens des gesamten Projekts. Bewundernswert ist auch, wie vorbildlich sie sich immer zurückhielten, sich niemals mit ihren persönlichen Interessen in den Planungsprozess einmischten, ihn im Gegenteil stets wohlwollend begleiteten.

Von den Persönlichkeiten der Stadt Köln jener Jahre hat der Name Kurt Hackenberg – Kölner Kulturdezernent von 1955 bis 1979 – die größte Leuchtkraft. Ohne seinen Weitblick hätte es den Ideenwettbewerb mit diesem umfangreichen Raumprogramm gar nicht gegeben. Möglicherweise war im Plan für einen Mehrzwecksaal des Museums ein Konzertsaal für Köln bereits versteckt. Der langjährige Kölner Opernintendant Christoph Hampe sagte von ihm: »Wenn Hackenberg von einer Sache überzeugt ist, kann man mit ihm die kühnsten, ja revolutionärsten Dinge durchsetzen.«

Wenn es um die Fantasie und Tatkraft geht, ohne die das große Projekt in dieser Form nie hätte verwirklicht werden können, sind ferner folgende Kölner Persönlichkeiten zu nennen:

- Gert von der Osten, als Generaldirektor aller Kölner Museen der eigentliche Spiritus Rector der gesamten Museumslandschaft in Köln nach dem Krieg;
- Wolfgang Hahn, Chefrestaurator und bedeutender Kunstsammler. Sein legendäres Gespräch mit dem Ehepaar Ludwig in einem New Yorker Hotel legte den Keim für

das, was dann zunächst Sammlung Ludwig im Wallraf-Richartz-Museum hieß und jetzt Museum Ludwig heißt. Ohne Hahns Kunstverstand, sein gutes Verhältnis zum Stifterehepaar Ludwig und sein Wirken im Hintergrund in der Kölner Stadtverwaltung wäre wohl der Schenkungsvertrag mit der Stadt Köln nie zustande gekommen;

- Günter Herterich, damals Fraktionsvorsitzender der SPD als stärkster Partei im Rat der Stadt und nicht nur aus unserer Sicht damals der fähigste Mann in Köln. Herterichs heutige Darstellung der Vorgänge klingt glaubhaft, wenn er sich erinnert, dass sich Kurt Hackenberg mit dem damaligen Oberbürgermeister John van Nes Ziegler sehr gut verstand und diesen immer in kürzester Zeit »auf Linie« brachte;
- Dombaumeister Prof. Dr. Arnold Wolff, ohne dessen Scharfblick und mutiges Plädoyer im Preisgericht wir weder den ersten Preis bekommen noch das Dom-Rhein-Projekt in dieser Form verwirklicht hätten.
- Die Vision der Kölner Philharmonie anstelle eines Mehrzwecksaals im »Bauch« des Museums wäre nicht zustande gekommen, wenn sich nicht die Kölner Musikszene und vor allem der WDR entschieden und tatkräftig eingemischt hätten. Dafür stehen die Namen Siegfried Palm und Franz Müller-Heuser (Direktoren der Musikhochschule) und Friedrich Wilhelm von Sell (Indendant des WDR) mit Dr. Alfred Krings (Leiter der Musikabteilung des WDR).
- Die herausragenden Kollegen, Künstler und Fachleute unseres Teams, denen in gleicher Weise das Verdienst am Gelingen des Gesamtwerks zu verdanken ist, hoffen wir in unseren Schilderungen angemessen gewürdigt zu haben. Aber auch den vielen Einflussreichen, jedoch nicht Genannten gilt unser Dank.

Auf Seiten der Stadtverwaltung Köln sind es vor allem zwei Persönlichkeiten, welche die Gestalt des Jahrhundertwerks entscheidend mitgeprägt haben:

- Ludwig Rühle, Leiter der Projektgruppe Altstadt-Dom-Rhein, der für uns den unter Beamten nicht häufig anzutreffenden Typ des Künstlers verkörperte; und
- Franz Lammersen, Oberbaudirektor in einer Abteilung des Hochbauamts, die allein für das Projekt ins Leben gerufen worden war. Mit seiner überragenden Erfahrung und Fachkompetenz war es in allen Phasen des Dom-Rhein-Projekts für uns ein verläss-

licher Partner. Seine Mundwinkel umspielte meist ein leicht skeptisches Lächeln, aber es kam auch vor, dass aus dem Mund des Paderborners ein kaum hörbares »ischa doll« kam. Das war dann für uns die Bestätigung: »Gelungen!«

Diese beiden sollen für viele weitere Menschen in Rat und Verwaltung stehen, die damals mit großer Sachkompetenz die Strukturen beherrschten bzw. schufen und damit erst den Erfolg des Projekts ermöglichten. Ihre Loyalität und gelebte Verantwortung war Grundlage der Zusammenarbeit.

- Kurt Rossa, ein begeisterter Befürworter des Projekts. Gemeinsam mit dem Kulturdezernenten Peter Nestler und dem Generaldirektor der Kölner Museen Hugo Borger steuerte er es ins Ziel und organisierte die wochenlangen Einweihungsfeierlichkeiten im September 1986.

»Dieses Werk stand unter einem guten Stern.« So begann Peter spontan seine Rede, eine der vielen, die im Rahmen der Einweihungs-Feierlichkeiten gehalten wurden. Damit meinte er die – rückblickend für Köln außergewöhnliche – Konstellation der vielen Persönlichkeiten in Rat, Verwaltung und freier Wirtschaft, und darüber hinaus in der gesamten Bürgerschaft der Stadt, die eine kontinuierliche und erfolgreiche Arbeit an der einmal für richtig erkannten und entschiedenen Sache ermöglicht hatten, ohne Leerlauf und ohne viel unnötiges Gerede.

Dankbar blicken wir zurück auf das, was gemeinsam mit allen Beteiligten erreicht worden ist durch diese »Operation am Herzen der Stadt Köln«.

Wir danken auch dem Rat der Stadt Köln, der das Gesamtwerk gewagt und möglich gemacht hat.